SV

Band 983 der Bibliothek Suhrkamp

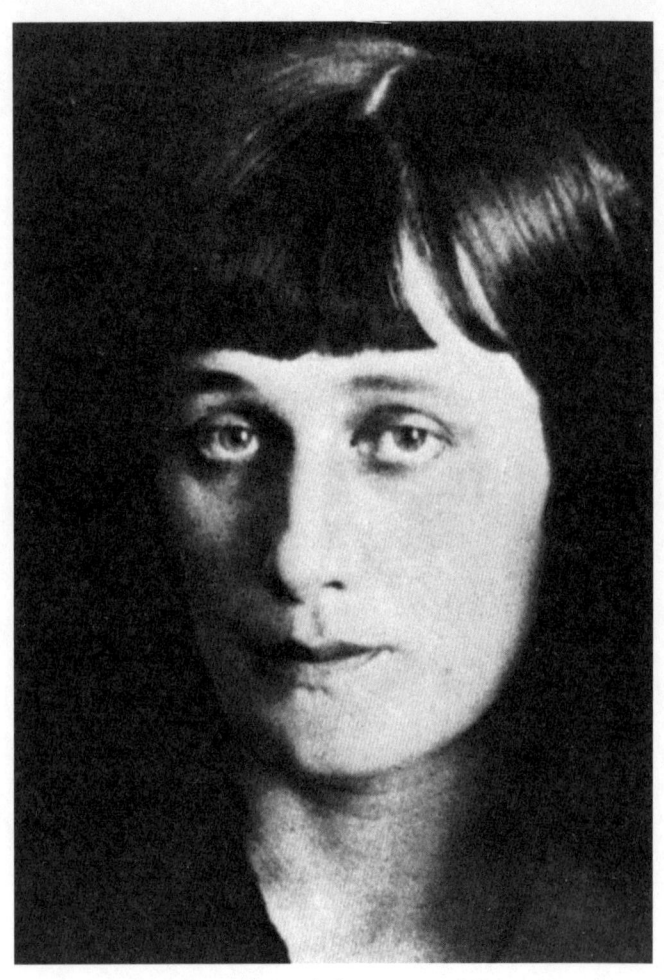

Anna Achmatowa

Anna Achmatowa
Gedichte

Russisch und deutsch
Nachdichtungen von Heinz Czechowski,
Uwe Grüning, Sarah Kirsch, Rainer Kirsch
Herausgegeben und mit einem
Nachwort versehen von Ilma Rakusa

Suhrkamp Verlag

Titel der Originalausgaben:
Beg vremeni, Moskau-Leningrad 1965
Stichotvorenija i poemy, Leningrad 1977

Klimaneutral
Druckprodukt
ClimatePartner.com/14438-2110-1001

11. Auflage 2024
Erste Auflage 1988
© 1988, Suhrkamp Verlag AG, Berlin
Quellenhinweise am Schluss des Bandes
Umschlaggestaltung: Willy Fleckhaus
Druck: Pustet, Regensburg
Printed in Germany
ISBN 978-3-518-01983-2

www.suhrkamp.de

Gedichte

Александру Блоку

Я пришла к поэту в гости.
Ровно полдень. Воскресенье.
Тихо в комнате просторной,
А за окнами мороз

И малиновое солнце
Над лохматым сизым дымом . . .
Как хозяин молчаливый
Ясно смотрит на меня!

У него глаза такие,
Что запомнить каждый должен;
Мне же лучше, осторожной,
В них и вовсе не глядеть.

Но запомнится беседа,
Дымный полдень, воскресенье
В доме сером и высоком
У морских ворот Невы.

1914

BIN dem Dichter Gast geworden.
Es ist Mittag. Es ist Sonntag.
Stille ist im weiten Zimmer.
Vorm Fenster knistert der Frost.

Eine himbeerrote Sonne
Überm zottigen blauen Nebel . . .
Ach wie nah: aus klaren Augen,
Schweigsam, sieht mich der Hausherr an.

Seine Augen sind beschaffen,
Daß sie die Erinnerung hält.
Vorsichtige, ich: ich sollte
Besser in sie nicht sehn.

Dem Gedächtnis bleibt: ein Sonntag,
Dunstiger Mittag, das Gespräch
In dem grauen hohen Haus
Am Tor der Newa zum Meer.

Чернеет дорога приморского сада,
Желты и свежи фонари.
Я очень спокойная. Только не надо
Со мною о нем говорить.
Ты милый и верный, мы будем друзьями . . .
Гулять, целоваться, стареть . . .
И легкие месяцы будут над нами,
Как снежные звезды, лететь.

1914

DER SCHWARZE Gartenweg am Meer
Glänzt unterm Licht der gelben Laternen.
Ich bin ganz ruhig. Nur soll man nicht
Von ihm mir sprechen.
Du bist mein Freund, bist sanft und treu,
Wir werden gehn, uns küssen, altern . . .
Und leichte Monde überfliegen uns
Wie Schneekristalle.

У самого моря

Бухты изрезали низкий берег,
Все паруса убежали в море,
А я сушила соленую косу
За версту от земли на плоском камне.
Ко мне приплывала зеленая рыба,
Ко мне прилетала белая чайка,
А я была дерзкой, злой и веселой
И вовсе не знала, что это – счастье.
В песок зарывала пестрое платье,
Чтоб ветер не сдул, не унес бродяга,
И уплывала далеко в море,
На темных, теплых волнах лежала.
Когда возвращалась, маяк с востока
Уже сиял переменным светом,
И мне монах у ворот Херсонеса
Говорил: »Что ты бродишь ночью?«

Знали соседи – я чую воду,
И, если рыли новый колодец,
Звали меня, чтоб нашла я место
И люди напрасно не трудились.
Я собирала французские пули,
Как собирают грибы и чернику,
И приносила домой в подоле
Осколки ржавые бомб тяжелых.

1914

NAH AM MEER

Ins flache Ufer waren Buchten geschnitten,
Da sind die Segel ins Meer gelaufen.
Ich trocknete meinen salzigen Zopf
Auf dem Stein eine Werst weit vom Land.
Da kam ein grüner Fisch zu mir,
Da flog mir eine Möwe zu,
Da war ich fröhlich und böse und kühn,
Da sagte mir keiner: Das ist das Glück.
Mein scheckiges Kleid grub ich in Sand
Gegen Landstreicher und Winde,
Schwamm mit den Tauchern weit ins Meer,
Lag da auf undurchsichtigen Wellen.
Kam ich zurück, vom schwarzen Leuchtturm
Floß über Wasser und Himmel schon Licht,
Und der Mönch am Tor von Chersones
Fragte mich wieder: Was läufst du nachts rum? . . .

Die Nachbarn wußten, ich spür das Wasser,
Und gruben sie einen Brunnen neu,
Riefen sie mich das Wasser finden.
Ich fand französische Kugeln im Sand,
Wie man Pilze und Blaubeeren sammelt,
Ich trug im umgeschlagenen Rock
Rostige Bombensplitter nach Haus.

Муза ушла по дороге,
Осенней, узкой, крутой,
И были смуглые ноги
Обрызганы крупной росой.

Я долго ее просила
Зимы со мной подождать,
Но сказала: »Ведь здесь могила,
Как ты можешь еще дышать?«

Я голубку ей дать хотела,
Ту, что всех в голубятне белей,
Но птица сама полетела
За стройной гостьей моей.

Я, глядя ей вслед, молчала,
Я любила ее одну,
А в небе заря стояла,
Как ворота в ее страну.

15. Dezember 1915
Zarskoje Selo

DIE MUSE ging weiter
Den herbstlichen steilen Weg,
Ihre sonneverbrannten Beine
Waren vom Tau genetzt.

Ich hatte sie lange gebeten,
Mit mir auf den Winter zu warten.
Sie sagte: In einem Grab
Kann ich nicht atmen.

Ich wollte meine Taube geben,
Die weißeste aus dem Schlag.
Doch der Vogel flog selbst
Meinem Gast nach.

Ich schau hinterher und schweige
Und hatte nur sie geliebt.
Nun ist der Himmel feuerrot,
Zu ihrem Land die Tür.

Двадцать первое. Ночь. Понедельник.
Очертанья столицы во мгле.
Сочинил же какой-то бездельник,
Что бывает любовь на земле.

И от лености или со скуки
Все поверили, так и живут:
Ждут свиданий, боятся разлуки
И любовные песни поют.

Но иным открывается тайна,
И почиет на них тишина . . .
Я на это наткнулась случайно
И с тех пор все как будто больна.

1917

EINUNDZWANZIGSTER. Montag. Nacht.
Im Nebel die Stadtsilhouette.
Da hat irgendein Nichtstuer ausgedacht,
Daß es Liebe auf Erden gäbe.

Und aus Langeweile, aus Trägheit
Glaubtens alle und leben nun hin:
Wolln ein Wiedersehn, fürchten die Trennung
Und dichten ein Liebeslied.

Doch manchen wird ein Geheimnis,
Und Stille senkt sich dann . . .
Ich erfuhr es durch Zufall, ich bin
Seit jenem Abend wie krank.

Просыпаться на рассвете
Оттого, что радость душит,
И глядеть в окно каюты
На зеленую волну,
Иль на палубе в ненастье,
В мех закутавшись пушистый,
Слушать, как стучит машина,
И не думать ни о чем,
Но, предчувствуя свиданье
С тем, кто стал моей звездою,
От соленых брызг и ветра
С каждым часом молодеть.

1917

MIT dem Morgengraun erwachen,
Atemlos gewürgt vom Glück,
Zum Kajütenfenster drehn
Auf die grüne wandernde Welle,
Und an Deck im trüben Wetter,
Tief im Flaumpelz eingehüllt,
Die Motoren klopfen hören,
Nun an nichts und niemand denken,
Und doch bis zum Wiedersehn
Mit dem, der mein Stern nun ist,
Im salzigen Regen und im Wind
Jede Stunde jünger werden.

Это просто, это ясно,
Это всякому понятно,
Ты меня совсем не любишь,
Не полюбишь никогда.
Для чего же так тянуться
Мне к чужому человеку,
Для чего же каждый вечер
Мне молиться за тебя?
Для чего же, бросив друга
И кудрявого ребенка,
Бросив город мой любимый
И родную сторону,
Черной нищенкой скитаюсь
По столице иноземной?
О, как весело мне думать,
Что тебя увижу я!

Sommer 1917
Slepnewo

DAS IST EINFACH, das ist klar,
Jeder weiß, versteht es, du
Liebst mich gar nicht, liebst nicht mich,
Wirst mich niemals lieben.
Und warum denn solls mich zu
Einem Fremden ziehn, warum
Soll für einen ich wie dich
Jeden Abend beten?
Warum irr ich, hab den Freund,
Hab das Kind mit schwarzem Haar,
Hab die Stadt, die liebt ich doch,
Hab meine Heimat verlassen –
Irr als dunkle Bettlerin
Durch die fremde Hauptstadt?
Ach so gut, so froh zu denken,
Wie bald ich dich wieder seh!

Мне голос был. Он звал утешно,
Он говорил: »Иди сюда,
Оставь свой край глухой и грешный,
Оставь Россию навсегда.
Я кровь от рук твоих отмою,
Из сердца выну черный стыд,
Я новым именем покрою
Боль поражений и обид.«

Но равнодушно и спокойно
Руками я замкнула слух,
Чтоб этой речью недостойной
Не осквернился скорбный дух.

Herbst 1917

UND eine Stimme war. Sie rief mich an
Tröstend, sprach: »Komm nun wo ich bin.
Verlaß dein taubes, dein in Sünden Land,
Von Rußland geh auf immer.
Ich nehm das Blut von deinen Händen,
Ich wasch aus dir die ehrlose Scham.
Der Niederlagen Schmerz, die Kränkung
Deck ich mit einem neuen Namen.«

Doch unbetroffen und gelassener Seele
Verschloß ich mit den Händen mein Gehör,
Daß nicht die nichtswürdige Rede
Den Geist, den trauervollen, mir befleckt.

Ночью

Стоит на небе месяц, чуть живой,
Средь облаков струящихся и мелких,
И у дворца угрюмый часовой
Глядит, сердясь, на башенные стрелки.

Идет домой неверная жена,
Ее лицо задумчиво и строго,
А верную в тугих объятьях сна
Сжигает негасимая тревога.

Что мне до них? Семь дней тому назад,
Вздохнувши, я прости сказала миру.
Но душно там, и я пробралась в сад
Взглянуть на звезды и потрогать лиру.

Herbst 1918
Moskau

NACHTS

Am Himmel steht ein kaum lebendiger Mond
In dünnen Wolken, die im Licht zerfließen;
Vor dem Palasttor starrt der Posten düster
Zum Turmuhrzeiger, der nicht weiterkommt.

Nach Hause geht die ungetreue Frau
Auf kleinen Schritten, nachdenklich und streng,
Die treue, fest vom Schlaf umarmt, vergeht
In unlöschbarer Angst, die sie verbrennt.

Was gehen sie mich an? Ich hab der Welt
Seufzend Lebwohl gesagt vor sieben Tagen.
Es ist dort drückend, und ich schlich ins Feld,
Am sternbespannten Himmel die Leier schlagen.

Не с теми я, кто бросил землю
На растерзание врагам.
Их грубой лести я не внемлю,
Им песен я своих не дам.

Но вечно жалок мне изгнанник,
Как заключенный, как больной.
Темна твоя дорога, странник,
Полынью пахнет хлеб чужой.

А здесь, в глухом чаду пожара
Остаток юности губя,
Мы ни единого удара
Не отклонили от себя.

И знаем, что в оценке поздней
Оправдан будет каждый час...
Но в мире нет людей бесслезней,
Надменнее и проще нас.

1922

NEIN, nicht mit denen bin ich, die das Land
Dem Feind hinwarfen, Fleisch zum Fraß.
Ihr plumpes Schmeichelwort, ich nehms nicht an,
Ihnen mein Lied nicht, das ich den Freunden gab.

Doch immer nah mir: der Vertriebene,
Wie hinter Gitter eingezwängt, wie krank.
Das bittere fremde Brot – der Pilger brichts,
Dunkel sein Weg, ohn Ende lang.

Und hier, im tauben Qualm der Brände,
Die letzte Jugend hingebracht,
Wehrten wir doch von allen Schlägen
Nicht einen einzigen von uns ab.

Und später, wissen wir, wird wahr befunden
Jeder Tag, wie er war: jetzt, hier.
Doch niemand auf der Welt ist tränenloser,
Hochmütiger und einfacher als wir.

Небывалая осень построила купол высокий,
Был приказ облакам этот купол собой не темнить.
И дивилися люди: проходят сентябрьские сроки,
А куда провалились студеные, влажные дни?
Изумрудною стала вода замутненных каналов,
И крапива запахла, как розы, но только сильней.
Было душно от зорь, нестерпимых, бесовских и алых,
Их запомнили все мы до конца наших дней.
Было солнце таким, как вошедший в столицу мятежник,
И весенняя осень так жадно ласкалась к нему,
Что казалось – сейчас забелеет прозрачный подснежник . . .
Вот когда подошел ты, спокойный, к крыльцу моему.

September 1922

EIN NIEDAGEWESENER Herbst hatte hoch eine Kuppel gebaut,
Die Wolken hatten Befehl, nicht über die Kuppel zu fahren,
Und es staunten die Menschen: da ging der Septemberrauch,
Doch wo blieben die kühlen, nebligen Tage?
Smaragden wurde das Wasser der trüben Kanäle,
Und die Brennessel duftete stärker als Rosen im Wind.
Betäubt von den unerträglichen, höllischen Morgenröten
Behalten wir sie im Gedächtnis, solang es uns gibt.
In die Hauptstadt brach, wie ein Aufrührer einfällt, die Sonne,
Und es lehnte der Herbst so frühlingshaft zärtlich bei ihr,
Daß es schien, gleich müßten, durchsichtig, die
                                    Schneeglöckchen kommen . . .
Damals kamst du ruhig an die Treppe zu meiner Tür.

Одни глядятся в ласковые взоры,
Другие пьют до солнечных лучей,
А я всю ночь веду переговоры
С неукротимой совестью своей.

Я говорю: «Твое несу я бремя
Тяжелое, ты знаешь, сколько лет.»
Но для нее не существует время,
И для нее пространства в мире нет.

И снова черный масленичный вечер,
Зловещий парк, неспешный бег коня
И полный счастья и веселья ветер,
С небесных круч слетевший на меня.

А надо мной спокойный и двурогий
Стоит свидетель . . . о, туда, туда,
По древней подкапризовой дороге,
Где лебеди и мертвая вода.

3. November 1935
Fontanny Dom

DIE EINEN spiegeln sich in einem Blick,
Die andern trinken bis zum Morgengrauen,
Doch ich bespreche mich die ganze Nacht
Mit meinem nicht bezähmbaren Gewissen.

Ich sage: »Deine schwere Bürde trag,
Du weißt es, ich wieviele Jahre.«
Für das Gewissen gibt es keine Zeit.
Für das Gewissen gibt es keine Räume.

Und wieder jene schwarze Faschingsnacht.
Der düstre Park. Des Pferdes sanfter Trab.
Und steil vom Himmel kam ein Wind, von Glück
Und Fröhlichkeit erfüllt, auf mich herab.

Doch über mir, sehr still und zweigehörnt,
Der Zeuge . . . O dorthin, dorthin
Auf jenem alten Weg durch die Caprice,
Zum toten Wasser, wo die Schwäne ziehn.

Поэт

Он, сам себя сравнивший с конским глазом,
Косится, смотрит, видит, узнает,
И вот уже расплавленным алмазом
Сияют лужи, изнывает лед.

В лиловой мгле покоятся задворки,
Платформы, бревна, листья, облака.
Свист паровоза, хруст арбузной корки,
В душистой лайке робкая рука.

Звенит, гремит, скрежещет, бьет прибоем
И вдруг притихнет – это значит, он
Пугливо пробирается по хвоям,
Чтоб не спугнуть пространства чуткий сон.

И это значит, он считает зерна
В пустых колосьях, это значит, он
К плите дарьяльской, проклятой и черной,
Опять пришел с каких-то похорон.

И снова жжет московская истома,
Звенит вдали смертельный бубенец . . .
Кто заблудился в двух шагах от дома,
Где снег по пояс и всему конец?

За то, что дым сравнил с Лаокооном,
Кладбищенский воспел чертополох,
За то, что мир наполнил новым звоном
В пространстве новом отраженных строф, –

Он награжден каким-то вечным детством,
Той щедростью и зоркостью светил,
И вся земля была его наследством,
А он ее со всеми разделил.

19. Januar 1936

DER DICHTER

Er, der sich selbst mit einem Pferdeschädel
Verglichen hat – schräg blitzt sein Augenweiß,
Und wie geschmolzner Diamant erglänzen
Die Pfützen und verschmachtend brennt das Eis.

Im lila Nebel schlafen Hinterhöfe.
Bahnsteige, Blätter, Balken, Wolkenschnee.
Der Pfiff der Lok. Das Knirschen der Arbuse.
Schüchtern die Hand im duftenden Glacé.

Es klingt, es dröhnt, es quietscht, es brandet.
Und plötzlich ist es still – das heißt: er bahnt
Sich furchtsam seinen Weg durch Tannendunkel,
Nicht aufzustören des Raumes leichten Schlaf.

Das heißt, er zählt in tauben Ähren
Die Körner, das bedeutet: nach Darjal
Zum schwarzen Grabstein, dem verfluchten,
Kehrt er zurück von einem Totenmahl.

Ihn brennen wieder Moskaus Müdigkeiten.
Die Totenschelle in der Ferne klirrt . . .
Wer hat sich, wo der Schnee reicht bis zum Gürtel,
Wo alles endet, nah beim Haus, verirrt?

Weil er den Rauch Laokoon verglichen
Und weil die Friedhofsdistel er besang,
Weil er die Welt im Spiegel seiner Strophen
Im neuen Raum erfüllt mit neuem Klang,

Ist er belohnt mit Kindheit ohne Dauer,
Der Wachheit des Gestirns und seinem Glanz,
Und was sein Erbteil war, die Erde,
Das teilte er mit allen ganz.

Воронеж

О. М.

И город весь стоит оледенелый.
Как под стеклом деревья, стены, снег.
По хрусталям я прохожу несмело.
Узорных санок так неверен бег.
А над Петром воронежским – вороны,
Да тополя, и свод светло-зеленый,
Размытый, мутный, в солнечной пыли,
И Куликовской битвой веют склоны
Могучей, победительной земли.
И тополя, как сдвинутые чаши,
Над нами сразу зазвенят сильней,
Как будто пьют за likованье наше
На брачном пире тысячи гостей.

А в комнате опального поэта
Дежурят страх и Муза в свой черед.
И ночь идет,
Которая не ведает рассвета.

4. März 1936

WORONESH

Für O. M.

Und diese Stadt ist ganz zu Eis erstarrt.
Wie unter Glas ruhn Bäume, Firste, Schnee.
Unsicher ist des bunten Schlittens Fahrt,
Trägt der Kristall, auf dem ich zögernd geh.
Woroneshs Dom ein Krähenschwarm umgellt,
Und Pappeln und das Patinagewölbe,
Verwaschen, trüb, von Sonnenstaub getönt,
Und einen Hauch der Schlacht vom Schnepfenfeld
Verströmt das Land, machtvoll und sieggekrönt.
Und jäh wie die erhobenen Pokale
Klirrn Pappeln über uns mit ihren Ästen,
Als feierten auf unserm Hochzeitsmahle
Die Freudenstunde Tausende von Gästen.

Jedoch in des verbannten Dichters Zimmer
Stehn wechselnd Angst und Muse ihre Wacht.
Nun kommt die Nacht,
Und einen neuen Morgen kennt sie nimmer.

ЗАКЛИНАНИЕ

Из высоких ворот,
Из заохтенских болот,
Путем нехоженым,
Лугом некошеным,
Сквозь ночной кордон,
Под пасхальный звон,
Незваный,
Несуженый,
Приди ко мне ужинать.

15. April 1936

BESCHWÖRUNG

Aus dem hohen, dem Tor,
Hinter den Sümpfen der Ochta hervor,
Auf nie begangenen Wegen,
Über die Wiesen, die ungemähten,
Durch den nächtlichen Postenkordon,
Unterm Geläut der Osterprozession,
Uneingeladen,
Unversprochen,
Komme zum Abendessen zu mir.

От тебя я сердце скрыла,
Словно бросила в Неву . . .
Прирученной и бескрылой
Я в дому твоем живу.
Только . . . ночью слышу скрипы.
Что там – – в сумраках чужих?
Шереметевские липы . . .
Перекличка домовых . . .
Осторожно подступает,
Как журчание воды,
К уху жарко приникает
Черный шепоток беды –
И бормочет, словно дело
Ей всю ночь возиться тут:
«Ты уюта захотела,
Знаешь, где он – твой уют?»

1936

ICH VERBARG mein Herz vor dir,
Als versenkt ichs in der Newa...
Folgsam mit gestutzten Flügeln
Lebe ich in deinem Hause.
Aber nachts hör ich ein Knarren.
Was geschieht dort in dem Dunkel?
Flüstern Scheremetjews Linden?
Führn Gespenster Zwiegespräche?
Wie das Rieseln Wassers nähert
Sich das schwarze Unglücksflüstern,
Und es preßt sich in das Ohr,
So als sei es sein Geschäft,
Hier die ganze Nacht zu bleiben
Und zu brabbeln, unaufhörlich:
»So, du wolltst Geborgenheit –
Und wo ist sie, die du wolltest?«

И упало каменное слово
На мою еще живую грудь.
Ничего, ведь я была готова,
Справлюсь с этим как-нибудь.

У меня сегодня много дела:
Надо память до конца убить,
Надо, чтоб душа окаменела,
Надо снова научиться жить.

А не то . . . Горячий шелест лета
Словно праздник за моим окном.
Я давно предчувствовала этот
Светлый день и опустелый дом.

22. Juni 1939
Fontanny Dom

UND es fiel ein Wort aus Stein
Auf die Brust, in der noch Leben ist.
Doch was solls: ich war dafür bereit.
Damit werd ich fertig, irgendwie.

Ich bin heute sehr beschäftigt, denn
Es ist nötig, die Erinnerung zu töten,
Es ist nötig, daß die Seele Stein wird und
Daß ich wieder neu das Leben lerne.

Sonst... das heiße Rascheln dieses Sommers
Ist vor meinem Fenster wie ein Fest.
Schon seit langem ahnt ich diesen
Klaren Tag und das so öde Haus.

Клеопатра

Александрийские чертоги
Покрыла сладостная тень.
Пушкин

Уже целовала Антония мертвые губы,
Уже на коленях пред Августом слезы лила . . .
И предали слуги. Грохочут победные трубы
Под римским орлом, и вечерняя стелется мгла.
И входит последний плененный ее красотою,
Высокий и статный, и шепчет в смятении он:
«Тебя – как рабыню . . . в триумфе пошлет пред собою . . .»
Но шеи лебяжьей все так же спокоен наклон.

А завтра детей закуют. О, как мало осталось
Ей дела на свете – еще с мужиком пошутить
И черную змейку, как будто прощальную жалость,
На смуглую грудь равнодушной рукой положить.

7. Februar 1940

KLEOPATRA

Alexandrias Paläste
Deckt ein sanfter Schatten nun.
Puschkin

Auf den Knien vor Augustus vergoß sie die vergingen, die
                                                    Tränen.
Des Antonius tote Lippen sind schon lang geküßt.
Ihre Diener verrieten sie. Es dröhnen die Siegestrompeten
Unterm römischen Adler, und Dunkelheit breitet sich süß. . .
Und eintritt der letzte Gefangene ihrer Schönheit,
Hochgewachsen und stark, und er beugt sich erschreckt:
»Wie eine Sklavin. . . dich. . . wird er im Triumph vor sich
                                                    herführn. . .«
Doch nie bot sich die Neigung des Halses gelassener als jetzt.

Aber morgen die Kinder in Ketten. Ach, wie weniges bleibt
Zu tun auf der Welt – noch ein Scherz mit dem Alten vom Land,
Und die schwarze Schlange, und wie im Bedauern, zum
                                                    Abschied
An die sandbraune Brust, gleichmütig, und kein Zittern
                                                    der Hand.

ИВА

А я росла в узорной тишине,
В прохладной детской молодого века.
И не был мил мне голос человека,
А голос ветра был понятен мне.
Я лопухи любила и крапиву,
Но больше всех серебряную иву.
И, благодарная, она жила
Со мной всю жизнь, плакучими ветвями
Бессонницу овеивала снами.
И – странно! – я ее пережила.
Там пень торчит, чужими голосами
Другие ивы что-то говорят
Под нашими, под теми небесами.
И я молчу . . . Как будто умер брат.

18. Januar 1940

DIE WEIDE

Und die altersschwachen Bäume.
Puschkin

Ich aber wuchs in grüngemusterter Stille
In des Jahrhundertanfangs kühlem Kinderzimmer.
Lieb war mir keine Menschenstimme,
Verständlich, was der Wind sprach und verschwieg.
Die Nessel liebt ich und die wilden Kletten,
Am meisten meine Weide, silberblättrig.
Und, dankbar, lebte sie das ganze Leben
Mit mir, wehte mit weinenden Zweigen
Mir Träume in die Schlaflosigkeiten...
Nun, seltsam, habe ich sie überlebt.
Dort ragt der Stumpf, mit leisen Stimmen
Reden andere Weiden fremde Worte
Unter dem alten, unter unserem Himmel.
Ich schweige, schweig. Als wär ein Bruder gestorben.

МАЯКОВСКИЙ В 1913 ГОДУ

Я тебя в твоей не знала славе,
Помню только бурный твой рассвет,
Но, быть может, я сегодня вправе
Вспомнить день тех отдаленных лет.
Как в стихах твоих крепчали звуки,
Новые роились голоса . . .
Не ленились молодые руки,
Грозные ты возводил леса.
Все, чего касался ты, казалось
Не таким, как было до тех пор,
То, что разрушал ты, – разрушалось,
В каждом слове бился приговор.
Одинок и часто недоволен,
С нетерпеньем торопил судьбу,
Знал, что скоро выйдешь весел, волен
На свою великую борьбу.
И уже отзывный гул прилива
Слышался, когда ты нам читал,
Дождь косил свои глаза гневливо,
С городом ты в буйный спор вступал.
И еще не слышанное имя
Молнией влетело в душный зал,
Чтобы ныне, всей страной хранимо,
Зазвучать, как боевой сигнал.

3.-10. März 1940

MAJAKOWSKI IM JAHR 1913

Nicht dich im Ruhm kannt ich, ich erinnre
Mich an den Anfang nur, deinen stürmischen, doch
Kann sein das ist mein Recht, ich lenk die Erinnrung
Auf jene Jahre, die fern sind.
Kraftvoller schlugen die Töne, neue
Stimmen schwirrten im Vers, die jungen
Hände, nicht faul: dräuende
Gerüste richteten sie auf.
Was du berührtest, schien anders
Als es bisher war. An dessen Zerstörung
Du gingst, zerstört liegts. In jeglichem Wort
Pulste das Urteil.
Einsamer du, selten zufrieden, du triebst
Das Schicksal voll Ungeduld, immer
Wußtest du: bald, heiter
Zogst du zum großen Kampf, frei.
Und schon, wir hörtens im Widerhall, dumpf brausend,
Trugst du Gedichte vor, Flut,
Zornig schielte der Regen, ungestüm
Gingst du mit der Stadt in den Streit.
Und, noch niemals gehörter, flog dein
Name, Blitz in den stickigen Saal;
Heute, vom ganzen Land bewahrt,
Tönt er wie ein Signal zum Kampf.

Когда человек умирает,
Изменяются его портреты.
По-другому глаза глядят, и губы
Улыбаются другой улыбкой.
Я заметила это, вернувшись
С похорон одного поэта.
И с тех пор проверяла часто,
И моя догадка подтвердилась.

21. Mai 1940

WENN ein Mensch stirbt, so verwandeln
Sich seine Bilder: anders
Sehen die Augen; die Lippen
Lächeln ein anderes Lächeln.
Dies hab ich bemerkt,
Als ich zurückkam vom Begräbnis des Dichters.
Seither habe ichs oft überprüft,
Und meine Vermutung hat sich bestätigt.

В СОРОКОВОМ ГОДУ

Когда погребают эпоху,
Надгробный псалом не звучит,
Крапиве, чертополоху
Украсить ее предстоит.
И только могильщики лихо
Работают. Дело не ждет!
И тихо, так, Господи, тихо,
Что слышно, как время идет.
А после она выплывает,
Как труп на весенней реке, –
Но матери сын не узнает,
И внук отвернется в тоске.
И клонятся головы ниже,
Как маятник, ходит луна.

Так вот – над погибшим Парижем
Такая теперь тишина.

5. August 1940

ЛОНДОНЦАМ

Двадцать четвертую драму Шекспира
Пишет время бесстрастной рукой.
Сами участники грозного пира,
Лучше мы Гамлета, Цезаря, Лира
Будем читать над свинцовой рекой;
Лучше сегодня голубку Джульетту
С пеньем и факелом в гроб провожать,
Лучше заглядывать в окна к Макбету,
Вместе с наемным убийцей дрожать, –

IM JAHR VIERZIG

Wird eine Epoche beerdigt,
Tönt kein Psalm übers Grab.
Brennesseln, Disteln
Werden den Hügel verziern.
Den Totengräbern im Zwielicht
Gehts von der Hand. Und es eilt.
Mein Gott, wie die Stille wächst.
Man hört die Zeit vergehn.
Später schwemmts die Versenkte
Hoch wie eine Leiche im Fluß,
Der Sohn will sie nicht erkennen,
Der Enkel wendet sich ab.
Die Köpfe neigen sich tiefer,
Der Mond wie ein Pendel geht.

Und eine solche Stille
Liegt über Paris, da es stirbt.

FÜR DIE LONDONER

Shakespeares vierundzwanzigstes Drama
Schreibt die Zeit mit lässiger Hand.
Selber der scheußlichen Mahlzeit Gäste,
Wollen wir lieber Hamlet und Caesar
Lesen überm bleiernen Fluß,
Gäben wir lieber Julia, dem Täubchen,
Singend und leuchtend das Grabgeleit,
Zitterten wir mit gedungenen Mördern,
Sähen in blutige Fenster Macbeth –

Только не эту, не эту, не эту,
Эту уже мы не в силах читать!

1940

ТЕНЬ

> *Что знает женщина одна
> о смертном часе?*
> О. Мандельштам

Всегда нарядней всех, всех розовей и выше,
Зачем всплываешь ты со дна погибших лет
И память хищная передо мной колышет
Прозрачный профиль твой за стеклами карет?
Как спорили тогда – ты ангел или птица!
Соломинкой тебя назвал поэт.
Равно на всех сквозь черные ресницы
Дарьяльских глаз струился нежный свет.
О тень! Прости меня, но ясная погода,
Флобер, бессонница и поздняя сирень
Тебя – красавицу тринадцатого года –
И твой безоблачный и равнодушный день
Напомнили . . . А мне такого рода
Воспоминанья не к лицу. О тень!

9. August 1940
Abends

Nur nicht, was geschieht, nicht das, nicht das.
Dies zu lesen, fehlt uns die Kraft.

DER SCHATTEN

> *Doch diese Frau: was weiß sie*
> *von der Todesstunde?*
> *O. Mandelstam*

Immer die schönsten Kleider, rosiger, schlanker als alle,
Weshalb kommst du vom Grund abgetaner Jahre,
Und warum schaukelt gierig die Erinnerung
Dein Profil durchsichtig hinters Glas der Kutschen?
Einmal stritt man, ob du Engel oder Vogel bist.
Ein Dichter sagte Strohhalm zu dir.
Und ohne Vorzug fiel auf alle zärtliches Licht
Aus den kaukasischen Schluchten deiner Augen.
O Schatten, trag es mir nicht nach, das klare Wetter,
Flaubert, Schlaflosigkeit und spät aufblühender Flieder
Haben mich – schöne Frau des Jahres dreizehn –
An dich und einen wolkenlosen Tag
Erinnert... Doch mir stehn diese
Erinnerungen nicht zu Gesicht. O Schatten!

Ленинград в марте 1941 года

Cadran solaire на Меньшиковом доме.
Подняв волну, проходит пароход.
О, есть ли что на свете мне знакомей,
Чем шпилей блеск и отблеск этих вод!
Как щелочка, чернеет переулок.
Садятся воробьи на провода.
У наизусть затверженных прогулок
Соленый привкус – тоже не беда.

1941

LENINGRAD IM MÄRZ 1941

Am Menschikowschen Hause der cadran solaire.
Ein Dampfer zieht, die Welle hebend, nah vorbei.
Gibts auf der Welt etwas, das mir vertrauter wäre
Als diese Türme und des Wassers Widerschein?
Als schmaler Spalt gähnt schwarz die Seitenstraße.
Die Spatzen sitzen auf dem Leitungsdraht.
Und auch kein Unglück ist der Salzgeschmack
Der immer gleichen Wege, Tag für Tag.

Ветер войны

Птицы смерти в зените стоят.
Кто идет выручать Ленинград?

Не шумите вокруг – он дышит,
Он живой еще, он всё слышит:

Как на влажном балтийском дне
Сыновья его стонут во сне,

Как из недр его вопли: «Хлеба!» –
До седьмого доходят неба . . .

Но безжалостна эта твердь.
И глядит из всех окон – смерть.

28. September 1941 (Flugzeug)

Мужество

Мы знаем, что́ ныне лежит на весах
И что́ совершается ныне.
Час мужества пробил на наших часах.
И мужество нас не покинет.
Не страшно под пулями мертвыми лечь,
Не горько остаться без крова, –
И мы сохраним тебя, русская речь,
Великое русское слово.
Свободным и чистым тебя пронесем,
И внукам дадим, и от плена спасем
            Навеки!

23. Februar 1942
Taschkent

KRIEGSWIND

Die Vögel des Tods im Zenit.
Wo kommt, Leningrad, der dir hilft?

Und kein Lärm jetzt – es atmet, schwer.
Noch am Leben, lauschts. Hört:

Auf dem baltischen Seegrund nachts
Stöhnen seine Söhne im Schlaf,

Tief aus seiner Erde nach Brot
Brüllts zum siebenten Himmel hoch. . .

Doch der Himmel versteint, gnadenlos.
Aus den Fenstern blickt ER: Der Tod.

TAPFERKEIT

Wir wissen, was nun die Waage wägt
Und was heute geschieht.
Die Stunde der Tapferkeit ists, die uns schlägt.
Sie läßt uns nicht, wir nicht sie.
Nicht schlimm, sich unter den Kugeln zu legen.
Kein Schmerz, ohne Schutz zu sein dort.
Doch dich behüten wir, russische Rede,
Großes russisches Wort.
Und tragen dich, frei, rein, mit unsrer Kraft
Und retten dich vor der Gefangenschaft
          Auf immer!

А вы, мои друзья последнего призыва!
Чтоб вас оплакивать, мне жизнь сохранена.
Над вашей памятью не стыть плакучей ивой,
А крикнуть на весь мир все ваши имена!
Да что там имена!
        Ведь всё равно – вы с нами! . . .
Все на колени, все!
        Багряный хлынул свет!
И ленинградцы вновь идут сквозь дым рядами –
Живые с мертвыми: для славы мертвых нет.

August 1942
Djurmen

Важно с девочками простились,
На ходу целовали мать,
Во всё новое нарядились,
Как в солдатики шли играть.

Ни плохих, ни хороших, ни средних . . .
Все они по своим местам,
Где ни первых нет, ни последних . . .
Все они опочили там.

1943

Und ihr, Freunde vom letzten Aufgebot!
Mir blieb das Leben, daß ich euch bewein.
Und nicht als Trauerbaum still überm Tod,
Sondern um eure Namen in die Welt zu schrein.
Doch wem hier Namen!
                    Wie's auch kommt, ihr seid mit uns.
Auf die Knie, alle!
              Licht fällt ein blutrot.
Und wieder gehn im Rauch die Leningrader
In Reihe und Glied: Der Ruhm kennt keine Toten.

Lässig Adieu zu den Mädchen,
Im Gehn die Mutter geküßt,
Im neuesten Anzug, dem besten,
Wie zum Zinnsoldatenspiel.

Nicht gute, nicht andre, nicht schlechte,
Jeglicher an seinem Ort,
Wos keine ersten gibt, keine letzten. . .
Wurden sie alle zu Erde, dort.

А в книгах я последнюю страницу
Всегда любила больше всех других, –
Когда уже совсем неинтересны
Герой и героиня, и прошло
Так много лет, что никого не жалко,
И, кажется, сам автор
Уже начало повести забыл,
И даже «вечность поседела»,
Как сказано в одной прекрасной книге,
Но вот сейчас, сейчас
Всё кончится, и автор снова будет
Бесповоротно одинок, а он
Еще старается быть остроумным
Или язвит – прости его Господь! –
Прилаживая пышную концовку,
Такую, например:
. . . И только в двух домах
В том городе (название неясно)
Остался профиль (кем-то обведенный
На белоснежной извести стены),
Не женский, не мужской, но полный тайны.
И, говорят, когда лучи луны –
Зеленой, низкой, среднеазиатской –
По этим стенам в полночь пробегают,
В особенности в новогодний вечер,
То слышится какой-то легкий звук,
Причем одни его считают плачем,
Другие разбирают в нем слова.
Но это чудо всем поднадоело,
Приезжих мало, местные привыкли,
И, говорят, в одном из тех домов
Уже ковром закрыт проклятый профиль.

25. November 1943, Taschkent

IN BÜCHERN aber hab ich stets die letzte Seite
Noch mehr geliebt als alle anderen:
Wenn Held und Heldin bereits gänzlich
Uninteressant geworden und so viele Jahre
Vergangen sind, so viele Jahre, daß
Einem um keinen leid ist, und der Autor selbst,
So scheint es, schon den Anfang des Romans
Vergessen hat und wenn sogar
»Die Ewigkeit ergraut ist«, wie's in einem
Herrlichen Buch heißt, aber jetzt,
Jetzt alles enden wird, und auch der Autor
Wieder ganz unvergänglich einsam werden wird,
Der sich noch müht, geistreich zu sein
Oder sarkastisch – Gott verzeihe ihm! –, indem
Er noch einen pompösen Schluß anbringt,
Von dieser Art zum Beispiel:
. . . nur in zwei Häusern jener Stadt (der Name
Bleibt unklar) blieb
(Von jemandem gezeichnet auf den Kalk
Schneeweißer Wand) zurück,
Nicht weiblich, auch nicht männlich, ein Profil,
Ein, ach, geheimnisvolles. Und es heißt ja, wenn
Des Mondes Strahlen – des grünen, niedrigen
Von Mittelasien – um die Mitternacht
Über die Wände hier – besonders wohl
Am Neujahrsabend – huschen, dann,
Dann hört man einen leichten Laut, den wohl
Die einen für ein Weinen halten,
Die andern aber Worte aus ihm hören.
Doch dieses Wunder haben alle ganz schön satt.
Fremde gibts wenig, und die hier Gebornen
Sind schon daran gewöhnt, es heißt, in einem
Der Häuser hat man schon mit einem Teppich
Das elende Profil verhängt.

Это рысьи глаза твои, Азия,
Что-то высмотрели во мне,
Что-то выдразнили подспудное
И рожденное тишиной,
И томительное, и трудное,
Как полдневный термезский зной.
Словно вся прапамять в сознание
Раскаленной лавой текла,
Словно я свои же рыдания
Из чужих ладоней пила.

1945

Es SIND deine Luchsaugen, Asien,
Die etwas in mir erspäht,
Die hervorlockten etwas Verborgnes,
Das die Stille gebar,
Das schwer zu ertragen und quälend
Wie in Termes die Mittagsglut,
Als ob der Vorzeit Gedächtnis wie glühende Lava
Mir in das Bewußtsein sank,
Als wär es mein eigenes Schluchzen,
Das aus fremden Händen ich trank.

CINQUE

Autant que toi sans doute il te sera fidèle
Et constant jusques à la mort.

Baudelaire

1

Как у облака на краю,
Вспоминаю я речь твою,

А тебе от речи моей
Стали ночи светлее дней.

Так, отторгнутые от земли,
Высоко мы, как звезды, шли.

Ни отчаянья, ни стыда
Ни теперь, ни потом, ни тогда.

Но живого и наяву,
Слышишь ты, как тебя зову.

И ту дверь, что ты приоткрыл,
Мне захлопнуть не хватит сил.

26. November 1945

2

Истлевают звуки в эфире,
И заря притворилась тьмой.
В навсегда онемевшем мире
Два лишь голоса: твой и мой.
И под ветер с незримых Ладог,
Сквозь почти колокольный звон,

62

CINQUE

Autant que toi sans doute il te sera fidèle,
Et constant jusques à la mort.

Baudelaire

1

Wie am Abhang der Wolke: ich
Ruf all deine Worte zurück,

Dir aber, vom Wort, das ich sprach,
War die Nacht heller als der Tag.

Und so, von der Erde los,
Gingen wir, Sterne, hoch oben.

Weder verzweifelt, noch Scham:
Nicht jetzt, nicht damals, nicht dann.

Doch du, lebend, und nicht im Traum,
Hörst, wie ich dich rufe, laut.

Und die Tür, die du aufgetan hast,
Zu schließen bin ich zu schwach.

2

Fern im Äther verwesen die Töne,
Das Abendrot hüllt sich in Nacht,
Nur meine und deine, die Stimmen,
In der Welt, die auf immer erstarrt.
Und zum Wind von unsichtbaren Seen
Durch wie von Glocken Klang

В легкий блеск перекрестных радуг
Разговор ночной превращен.

20. Dezember 1945

3

Я не любила с давних дней,
Чтобы меня жалели,
А с каплей жалости твоей
Иду, как с солнцем в теле.
Вот отчего вокруг заря.
Иду я, чудеса творя,
Вот отчего!

20. Dezember 1945

4

Знаешь сам, что не стану славить
Нашей встречи горчайший день.
Что тебе на память оставить?
Тень мою? На что тебе тень?
Посвященье сожженной драмы,
От которой и пепла нет,
Или вышедший вдруг из рамы
Новогодний страшный портрет?
Или слышимый еле-еле
Звон березовых угольков,
Или то, что мне не успели
Досказать про чужую любовь?

6. Januar 1946

Verwandeln sich jetzt die Gespräche
Zu gekreuztem Regenbogen Glanz.

3

Nie seit ich mich erinnre wollt ich
Bedauert werden – heut,
Von deinem Mitleid einen Tropfen,
Geh ich, die Sonne im Leib.
Darum also Morgenrot ringsum,
Geh ich, schaffe Wunder,
Aus diesem Grund!

4

Du weißt, ich werd nicht besingen
Unseren bittersten Tag.
Was laß ich dir zum Erinnern?
Meinen Schatten? Wozu ein Schatten?
Eine Widmung in ein Drama,
Von dem nicht die Asche blieb,
Oder das vortrat aus dem Rahmen,
Das furchtbare Neujahrs-Bild?
Oder das kaum hörbare
Lied der Birkenköhlchen, die glühn,
Oder was wir zu Ende nicht sprachen
Von der anderen, fremden Liebe?

5

Не дышали мы сонными маками,
И своей мы не знаем вины.
Под какими же звездными знаками
Мы на горе себе рождены?

И какое кромешное варево
Поднесла нам январская тьма?
И какое незримое зарево
Нас до света сводило с ума?

11. Januar 1946

5

Wir atmeten nicht vom Schlafmohn,
Unsre Schuld blieb uns unbekannt.
Unter welchen zum Leid geboren
Sind wir der Sternzeichen des Lands?

Und welches Gesöff der Hölle
Brachte uns die Januarnacht?
Welch unsichtbare Morgenröte
Nahm uns vor Tag den Verstand?

Три стихотворения

1

Пора забыть верблюжий этот гам
И белый дом на улице Жуковской.
Пора, пора к березам и грибам,
К широкой осени московской.
Там все теперь сияет, все в росе,
И небо забирается высоко,
И помнит Рогачевское шоссе
Разбойный посвист молодого Блока . . .

1944-1950

2

И в памяти черной пошарив, найдешь
До самого локтя перчатки,
И ночь Петербурга. И в сумраке лож
Тот запах и душный и сладкий.

И ветер с залива. А там, между строк,
Минуя и ахи и охи,
Тебе улыбнется презрительно Блок –
Трагический тенор эпохи.

1960 (?)

DREI GEDICHTE

1

Zeit nun die Kamelschreie zu vergessen,
Das weiße Haus in der Shukowskistraße.
Zeit, höchste Zeit zu Birken und zu Pilzen,
Zum großen Moskauer Herbst zu gehn.
Dort glänzt jetzt alles, badet sich im Tau,
Der Himmel klettert unerhört nach oben,
Und die Chaussee nach Rogatschow erinnert sich
Des Räuberpfiffs vom jungen Block . . .

2

Und suchtest im dunklen Gedächtnis, und findest
Handschuhe bis zum Ellenbogen
Und Petersburger Nacht. Und die Logen
Mit süßen, erstickten Gerüchen.

Und Wind weht vom Meer. Und zwischen den Zeilen
Über den Schmähsprüchen, überm Lob
Lächelt ihr Block verächtlich zu,
Tragischer Tenor der Epoche.

Он прав – опять фонарь, аптека,
Нева, безмолвие, гранит . . .
Как памятник началу века,
Там этот человек стоит –
Когда он Пушкинскому Дому,
Прощаясь, помахал рукой
И принял смертную истому
Как незаслуженный покой.

7. Juni 1946

3

Und er hat recht. Laterne, Apotheke,
Die Newa, Schweigen, Granit...
Ein Denkmal des Jahrhundertanfangs
Steht dieser Mensch dort, steht:
Wie er dem Puschkin-Haus am Ufer
Lebewohl zuwinkte mit der Hand
Und dann die Mattigkeit, den Tod
Als unverdiente Ruhe annahm.

СЕВЕРНЫЕ ЭЛЕГИИ

Всё в жертву памяти твоей...
Пушкин

(1) ПЕРВАЯ
Предыстория

Я теперь живу не там...
Пушкин

Россия Достоевского. Луна
Почти на четверть скрыта колокольней.
Торгуют кабаки, летят пролетки,
Пятиэтажные растут громады
В Гороховой, у Знаменья, под Смольным.
Везде танцклассы, вывески менял,
А рядом: «Henriette», «Basile», «André»
И пышные гроба: «Шумилов-старший».
Но, впрочем, город мало изменился.
Не я одна, но и другие тоже
Заметили, что он подчас умеет
Казаться литографией старинной,
Не первоклассной, но вполне пристойной,
Семидесятых, кажется, годов.

    Особенно зимой, перед рассветом
    Иль в сумерки — тогда за воротами
    Темнеет жесткий и прямой Литейный,
    Еще не опозоренный модерном,
    И визави меня живут — Некрасов
    И Салтыков... Обоим по доске
    Мемориальной. О, как было б страшно
    Им видеть эти доски! Прохожу.
А в Старой Руссе пышные канавы,
И в садиках подгнившие беседки,
И стекла окон так черны, как прорубь,
И мнится, там такое приключилось,
Что лучше не заглядывать, уйдем.
Не с каждым местом сговориться можно,

NÖRDLICHE ELEGIEN

Zum Opfer dir, – dir zum Gedächtnis...
Puschkin

(1) DIE ERSTE
Vorgeschichte

Nicht leb ich dort jetzt...
Puschkin

Das Rußland Dostojewskis. Fast ein Viertel
Des Monds verdeckt der hohe Glockenturm.
Die Kneipen zechen. Droschken fliehn vorüber.
Und Ungeheuer wachsen fünfgeschössig
In der Gorochowaja, am Snamenje
Und Smolny auf. Tanzschulen. Wechslerstuben.
»Basile«, »André« und prachtgeprotzte Särge:
»Schumilow senior«. Doch im übrigen
Hat sich die alte Hauptstadt kaum verändert.
Nicht mir allein, auch andern fiel es auf,
Daß oft sie einem alten Steindruck gleicht,
Zwar mindern Rangs, doch von geübten Händen,
Von anno siebzig, wenn der Schein nicht trügt.
  Zumal im Winter, – noch vor Tagesgraun,
  Im Dämmer auch – da breitet vor dem Haustor
  Sich der Litejny, hart und grad und dunkel,
  Noch nicht entstellt vom Schandgeist der Moderne.
  Mir gegenüber lehnt das Haus Nekrassows
  Und Saltykows. Und Zeugnis gibt von beiden
  Je eine Ehrentafel. Wie erschräken
  Bei ihrem Anblick sie! Ich geh vorüber.
Staraja Russa aber – seichte Gräben
Und in den Gärtchen altersmorsche Lauben –
So schwarz die Scheiben wie ein Söll im Eis.
Uns deucht, als sei ein Dunkles dort geschehen,
Das wir nicht schauen möchten, laß uns eilen.
Denn manche Stätte wehrt sich unsrer Freundschaft

Чтобы оно свою открыло тайну
(А в Оптиной мне больше не бывать . . .).

Шуршанье юбок, клетчатые пледы,
Ореховые рамы у зеркал,
Каренинской красою изумленных,
И в коридорах узких те обои,
Которыми мы любовались в детстве,
Под желтой керосиновою лампой,
И тот же плюш на креслах . . .
   Всё разночинно, наспех, как-нибудь . . .
   Отцы и деды непонятны. Земли
   Заложены. И в Бадене – рулетка.

И женщина с прозрачными глазами
(Такой глубокой синевы, что море
Нельзя не вспомнить, поглядевши в них),
С редчайшим именем и белой ручкой,
И добротой, которую в наследство
Я от нее как будто получила, –
Ненужный дар моей жестокой жизни . . .

Страну знобит, а омский каторжанин
Всё понял и на всем поставил крест.
Вот он сейчас перемешает всё
И сам над первозданным беспорядком,
Как некий дух, взнесется. Полночь бьет.
Перо скрипит, и многие страницы
Семеновским припахивают плацем.

Так вот когда мы вздумали родиться
И, безошибочно отмерив время,
Чтоб ничего не пропустить из зрелищ
Невиданных, простились с небытьем.

3. September 1940 Leningrad
Oktober 1943 Taschkent

Und niemals gibt sie ihr Geheimnis preis.
(So kehr ich nie nach Optina zurück...).

Rascheln von Röcken und karierten Plaids,
Geschweifte Nußholzrahmen an den Spiegeln,
Starr von der Schönheit der Karenina;
In engen Korridoren die Tapeten,
Die einstmals in der Kindheit uns erfreuten;
Das gelbe Blaken der Petroleumlampen,
Und noch derselbe Plüsch auf allen Sesseln...
　　Wirr, eilends aufgehäuft. So unbegreiflich
　　Väter und Aberväter: Längst verpfändet –
　　Ihr Land. Noch kreist in Baden das Roulette.

Und eine Frau mit klaren, offenen Augen
(So tief ihr Blau, als sähest du das Meer,
Wenn flüchtig du in ihre Spiegel schaust),
Mit seltsam fremdem Namen, zarten Händen
Und einer Güte, die ich wohl als Erbe
Von ihr empfing – nichts nütze, eitle Gabe
In meinem spröden, angstgewohnten Leben...

Ein Fieber peitscht das Land. Der Omsker Sträfling,
Der all dies wußte, hat das Kreuz geschlagen.
Bald wird zerstreun er alles und verwirrn
Und überm Wasser, dem ur-ewigen Chaos,
Selbst sich erheben. Es schlägt Mitternacht.
Die Feder kratzt, und viele Seiten sind
Von Angst, sind vom Semjonowplatz noch schwer.

Und damals fiels uns ein, zur Welt zu kommen,
Die Zeit bemessend nach dem engsten Maß,
Daß nichts entgehe uns vom seltnen Schauspiel;
So nahmen wir von unserm Nichtsein Abschied.

(2) ВТОРАЯ

Так вот он – тот осенний пейзаж,
Которого я так всю жизнь боялась:
И небо – как пылающая бездна,
И звуки города – как с того света
Услышанные, чуждые навеки,
Как будто всё, с чем я внутри себя
Всю жизнь боролась, получило жизнь
Отдельную и воплотилось в эти
Слепые стены, в этот черный сад . . .
А в ту минуту за плечом моим
Мой бывший дом еще следил за мною
Прищуренным, неблагосклонным оком,
Тем навсегда мне памятным окном.
Пятнадцать лет – пятнадцатью веками
Гранитными как будто притворились,
Но и сама была я как гранит:
Теперь моли, терзайся, называй
Морской царевной. Всё равно. Не надо . . .
Но надо было мне себя уверить,
Что это всё случалось много раз,
И не со мной одной – с другими тоже,
И даже хуже. Нет, не хуже – лучше.
И голос мой – и это, верно, было
Всего страшней – сказал из темноты:
«Пятнадцать лет назад какой ты песней
встречала этот день, ты небеса,
И хоры звезд, и хоры вод молила
Приветствовать торжественную встречу
С тем, от кого сегодня ты ушла . . .

Так вот твоя серебряная свадьба:
Зови ж гостей, красуйся, торжествуй!»

März 1942 Taschkent

(2) DIE ZWEITE

Nun liegst du vor mir, herbstlich-öde Landschaft,
Vor der ich bangte all mein Lebtag lang:
Des Himmels Abgrund flammt, und das Gemurmel
Der Stadt, als stamme es aus andern Welten,
Fremd bleibt es mir für alle Ewigkeit.
Wogegen ich zeitlebens mich empörte,
Hat – trügt der Schein nicht – ein Gesicht gewonnen,
Ein eigenes, und ist Gestalt geworden
In blinden Mauern und im schwarzen Garten . . .
Doch hinter meinen Schultern sah mir nach
In jener Stunde mein verlassnes Haus
Aus halbgeschloßnem, ungewognem Auge,
Dem Fenster, das ich nie vergessen kann.
Ihr fünfzehn Jahre, plötzlich truget ihr
Die Maske des basaltenen Jahrtausends,
Doch auch ich selbst schien aus Granit zu sein:
Fleh nur, zerquäl dich, nenn mich Meereszarin.
Gleichgültig ists, vergiß, es tut nicht not . . .
Doch eins tat not mir: klaren Augs zu sehen:
Daß all dies vielmals schon geschehen war
Nicht mir allein – auch andern, ärger noch
Als mir – nein, ärger nicht, nur tiefer.
Und dann – und dies war wohl das Schrecklichste –
Sprach meine Stimme aus der Dunkelheit:
»Mit welchem Lied hast du vor fünfzehn Jahren
Nicht diesen Tag begrüßt und hast den Himmel
Und Stern- und Meereschöre angefleht,
Sie möchten festlich die Begegnung feiern
Mit ihm, den heute du verlassen hast. . .

Hier hast du deine Silberhochzeit: Lade
Die Gäste ein und stell dein Glück zur Schau!«

Меня, как реку,
Суровая эпоха повернула.
Мне подменили жизнь. В другое русло,
Мимо другого потекла она,
И я своих не знаю берегов.
О, как я много зрелищ пропустила,
И занавес вздымался без меня
И так же падал. Сколько я друзей
Своих ни разу в жизни не встречала,
И сколько очертаний городов
Из глаз моих могли бы вызвать слезы,
А я один на свете город знаю
И ощупью его во сне найду.
И сколько я стихов не написала,
И тайный хор их бродит вкруг меня,
И, может быть, еще когда-нибудь
Меня задушит . . .
Мне ведомы начала и концы,
И жизнь после конца, и что-то,
О чем теперь не надо вспоминать.
И женщина какая-то мое
Единственное место заняла,
Мое законнейшее имя носит,
Оставивши мне кличку, из которой
Я сделала, пожалуй, всё, что можно.
Я не в свою, увы, могилу лягу.

. . . .

Но если бы откуда-то взглянула
Я на свою теперешнюю жизнь,
Узнала бы я зависть наконец. . .

2. September 1945
Leningrad

(3) DIE DRITTE

       Wie einen Flußlauf hat
Mich umgelenkt die steinerne Epoche.
Mein Leben ward vertauscht. In einem andern Bett
Strömt es hinab, vorbei an fremden Hängen,
Und meine eignen Ufer kenn ich nicht.
Oh, wieviel Stücke habe ich versäumt,
Und immer hob sich ohne mich der Vorhang
Und fiel herab. Wie vielen meiner Freunde
Bin ich in meinem Leben nie begegnet
Und wieviel Städte hätten mich zu Tränen
Gerührt im Weichbild ihrer Silhouetten.
Nur eine Stadt kenn ich auf dieser Welt
Und könnte blind im Schlafe sie ertasten.
Und wieviel Verse hab ich nicht geschrieben,
Und ihr geheimer Chor umringt mein Lager.
Mag sein, daß eines dunklen Tages er
Auslöscht mein Leben . . .
Vertraut sind Anbeginn und Ende mir
Und Leben nach dem Ende und ein Etwas,
Das zu erinnern voll Verhängnis wäre.
Und irgendeine Unbekannte hat
Mir meinen angestammten Platz genommen
Und trägt den Namen, der der meine ist,
Mir selber einen falschen überlassend,
Aus dem ich schuf, was zu erschaffen war.
In fremdem Grab werd ich, geklagt seis, liegen.
. . . .
Doch wenn von dorther ich hinüberschaute
Zu meinem jetzigen, so fremden Leben,
Erführe ich, was Neid, was Mißgunst heißt.

Есть три эпохи у воспоминаний.
И первая – как бы вчерашний день.
Душа под сводом их благословенным,
И тело в их блаженствует тени.
Еще не замер смех, струятся слезы,
Пятно чернил не стерто со стола, –
И, как печать на сердце, поцелуй,
Единственный, прощальный, незабвенный . . .
Но это продолжается недолго . . .
Уже не свод над головой, а где-то
В глухом предместье дом уединенный,
Где холодно зимой, а летом жарко,
Где есть паук и пыль на всем лежит,
Где истлевают пламенные письма,
Исподтишка меняются портреты,
Куда как на могилу ходят люди,
А возвратившись, моют руки мылом,
И стряхивают беглую слезинку
С усталых век – и тяжело вздыхают . . .
Но тикают часы, весна сменяет
Одна другую, розовеет небо,
Меняются названья городов,
И нет уже свидетелей событий,
И не с кем плакать, не с кем вспоминать.
И медленно от нас уходят тени,
Которых мы уже не призываем,
Возврат которых был бы страшен нам.
И, раз проснувшись, видим, что забыли
Мы даже путь в тот дом уединенный,
И, задыхаясь от стыда и гнева,
Бежим туда, но (как во сне бывает)
Там всё другое: люди, вещи, стены,
И нас никто не знает – мы чужие.

(4) DIE VIERTE

Drei Stadien kennen die Erinnerungen.
Das erste gleicht dem jüngstvergangnen Tag.
Die Seele unter gnadenvollem Himmel;
Der Leib genießt beseligt ihren Schatten.
Noch ist das Lachen nicht erstorben, Tränen rinnen;
Der Tintenfleck ist nicht vom Tisch gerieben,
Der Kuß – als Siegel auf das Herz gedrückt –
Der einzige im Abschied, unvergeßlich . . .
Nicht lange währt es. . .
Kein Himmel birgt uns mehr, nur irgendwo
In öder Vorstadt ein verwaistes Haus,
Eisend im Winter und im Sommer brütend,
Asyl der Spinnen und des Staubs, wo Briefe,
Einst flammend, nun vermodernd, wo Porträts
Sich insgeheim verwandeln und wo Menschen
Ins Haus hineingehn wie in einen Friedhof
Und sich, zurückgekehrt, die Hände waschen,
Und eine unbedachte Träne streifen
Von ihren Lidern sie – und seufzen schwer . . .
Die Uhr tickt weiter, und ein Frühjahr gibt
Dem andern Raum. Rubinrot glänzt der Himmel,
Und Städte wechseln ihre Namen, und
Die Zeugen dessen, was geschah, sind tot,
Und niemand tauscht mit uns Erinnerungen
Und weint mit uns. Die Schatten gehn und schwinden.
Nicht dürfen wir sie bitten umzukehren,
Denn furchtbar träf uns, kehrten sie zurück.
Einmal erwachen wir, und wir erkennen,
Daß wir den Weg dorthin vergessen haben,
Und laufen, atemlos vor Scham und Zorn,
Zu jenem Haus, – doch wie so oft im Traum –
Ist alles anders: Menschen, Dinge, Mauern.
Und niemand kennt und liebt uns – wir sind Fremde

Мы не туда попали . . . Боже мой!
И вот когда горчайшее приходит:
Мы сознаем, что не могли б вместить
То прошлое в границы нашей жизни,
И нам оно почти что так же чуждо,
Как нашему соседу по квартире,
Что тех, кто умер, мы бы не узнали,
А те, с кем нам разлуку Бог послал,
Прекрасно обошлись без нас – и даже
Всё к лучшему . . .

5. Februar 1945
Leningrad

(Дополнения)

(5) (О десятых годах)

И никакого розового детства . . .
Веснушечек, и мишек, и кудряшек,
И добрых теть, и страшных дядь, и даже
Приятелей средь камешков речных.
Себе самой я с самого начала
То чьим-то сном казалась или бредом,
Иль отраженьем в зеркале чужом,
Без имени, без плоти, без причины.
Уже я знала список преступлений,
Которые должна я совершить.
И вот я, лунатически ступая,
Вступила в жизнь и испугала жизнь:
Она передо мною стлалась лугом,
Где некогда гуляла Прозерпина,
Передо мной, безродной, неумелой,
Открылись неожиданные двери,

Am fremden Ort. Wir gingen fehl . . . O Gott!
Und dann erst kommt das Bitterste: wir sehen,
Daß wir in unsres Lebens Grenzen nicht
Jene Vergangenheit zu halten wußten,
Daß sie uns fast so fremd geworden ist
Wie jenen, die mit uns das Haus bewohnen,
Daß wir die Toten nimmermehr erkennten,
Daß die, von denen Gott uns trennte, glänzend
Zu leben wußten ohne uns, und daß
Zum Besten war, was je an uns geschah . . .

(ERGÄNZUNGEN)

(5) (ÜBER DAS ZWEITE JAHRZEHNT)

Und nichts von einer rosenfarbnen Kindheit. . .
Mit Sommersprossen, Spielzeug, Teddybären
Und guten Feen und Onkeln, furchterregend.
Nicht einmal bei den Kieseln Freunde findend,
Sah ich als irgendeinen Traum mein Leben
Von Kindheit an, als Trugbild oder Wahn,
Als Spiegelbild in einem fremden Spiegel,
Bleich, wesenlos und ohne Grund und Namen.
Schon kannte ich die Tafel aller Frevel,
Die zu vollenden mir bestimmt war. Und
Schlafwandelnd und unsichren Schrittes trat ich
Ins Leben ein, das tief vor mir erschrak:
Gleich jener Wiese lag es ausgebreitet,
Die einst Proserpina im Spiel betrat.
Vor mir, der Unbeholfnen, Heimatlosen,
Tat Tor um Tor sich auf in stumpfer Mauer,

И выходили люди, и кричали:
«Она пришла, она пришла сама!»
А я на них глядела с изумленьем
И думала: «Они с ума сошли!»
И чем сильней они меня хвалили,
Чем мной сильнее люди восхищались,
Тем мне страшнее было в мире жить
И тем сильней хотелось пробудиться,
И знала я, что заплачу сторицей
В тюрьме, в могиле, в сумасшедшем доме,
Везде, где просыпаться надлежит
Таким, как я, – но длилась пытка счастьем.

4. Juli 1955
Moskau

(6)

В том доме было очень страшно жить,
И ни камина свет патриархальный,
Ни колыбелька моего ребенка,
Ни то, что оба молоды мы были
И замыслов исполнены . . .
Не уменьшало это чувство страха.
И я над ним смеяться научилась,
И оставляла капельку вина
И крошки хлеба для того, кто ночью
Собакою царапался у двери.
Иль в низкое заглядывал окошко,
В то время как мы, замолчав, старались
Не видеть, что творится в зазеркалье,
Под чьими тяжеленными шагами
Стонали темной лестницы ступени,
Как о пощаде жалостно моля.

Und Menschen traten vor die Tür und riefen:
»Gekommen ist sie! – Sie ist selbst gekommen!«
Ich aber sah sie voll Erstaunen an.
»Sie sind von Sinnen«, dachte ich bei mir
Und fand, je mehr sie mich mit Lob umgaben,
Je stärker rings die Menschen ich entzückte,
Es desto ärger, in der Welt zu leben,
Und wünschte mir so sehnlich zu erwachen,
Und wußte, büßen müßt ich tausendfach
Im Irrenhaus, im Grab, in der Kátorga,
Wo es uns auferlegt ist zu erwachen.
Doch treu blieb mir die Folterung, das Glück.

(6)

Erschreckend wars, in jenem Haus zu wohnen,
Und weder des Kamins vertrautes Licht
Und weder meines Kindes Wiege, noch
Daß beide jung wir und voll Pläne waren,
Vermochte
Zu mindern je die lastende, die Furcht.
Ich aber lernte, über sie zu lachen,
Und ließ zurück stets einen Tropfen Wein
Und einen Kanten Brot für ihn, der nachts
Hineinsah durch die engen Fenster oder
Kratzte am Türholz wie ein Hund, und während,
Verstummt längst, wir uns mühten, nicht zu sehen,
Was in der Welt geschah, jenseits der Spiegel,
Und unter wessen lastend schweren Schritten
Die dunklen Stufen auf der Treppe stöhnten,
Als flehten weinerlich um Gnade sie.

И говорил ты, странно улыбаясь:
«Кого *они* по лестнице несут?»

Теперь ты там, где знают всё, скажи:
Что в этом доме жило кроме нас?

1921
Zarskoje Selo

Zuweilen sagtest seltsam lächelnd du:
»Wen tragen ›sie‹ wohl über unsre Treppe?«

Nun lebst du dort, wo alles offenbar ist,
Sag, was hat außer uns im Haus gelebt?

Тайны ремесла

1 ТВОРЧЕСТВО

Бывает так: какая-то истома;
В ушах не умолкает бой часов;
Вдали раскат стихающего грома.
Неузнанных и пленных голосов
Мне чудятся и жалобы и стоны,
Сужается какой-то тайный круг,
Но в этой бездне шепотов и звонов
Встает один, всё победивший звук.
Так вкруг него непоправимо тихо,
Что слышно, как в лесу растет трава,
Как по земле идет с котомкой лихо ...
Но вот уже послышались слова
И легких рифм сигнальные звоночки, –
Тогда я начинаю понимать,
И просто продиктованные строчки
Ложатся в белоснежную тетрадь.

5. November 1936

2

Мне ни к чему одические рати
И прелесть элегических затей.
По мне, в стихах всё быть должно некстати,
Не так, как у людей.

Когда б вы знали, из какого сора
Растут стихи, не ведая стыда,
Как желтый одуванчик у забора,
Как лопухи и лебеда.

BERUFSGEHEIMNISSE

1   DAS GEDICHT

Mattigkeit manchmal, oder wie erschöpft;
Der Schlag der Uhren will nicht aus dem Ohr,
Abflauend grollt, schon fern, Donner.
Und dann wie Klageruf, oder wie Stöhnen,
Und welcher Stimmen, unerkannt, gefangen,
Geheimnis, und ein Kreis wird immer enger,
Doch aus dem Grund von Flüstern und Geklirr
Erhebt ein Laut sich und besiegt sie alle.
Und rings um ihn so unabänderlich still,
Daß man wie Gras im Wald wächst hört, oder das Böse
Von Land zu Land ziehn mit dem Bettelsack . . .
Doch da schon Worte, wie geboren, kaum,
Signal: der zarte Klingelton des Reims –
Und nun Beginn, fast, ich versteh, hör, seh:
Es legen sich die vordiktierten Zeilen
Einfach und schwarz aufs reine Weiß des Hefts.

2

Was sollen mir der Oden endloses Heer,
Der sanfte Klang verschlungener Elegien . . .
Ich sage: ins Gedicht gehört das Unerhörte,
Nicht wie's bei den Leuten ist.

Und wüßten Sie, wie ohne jede Scham
Gedichte wachsen, und aus welchem Müll!
Wie durch das Zaunloch gelber Löwenzahn,
Wie Melde und Dill.

Сердитый окрик, дегтя запах свежий,
Таинственная плесень на стене . . .
И стих уже звучит, задорен, нежен,
На радость вам и мне.

21. Januar 1940

3 МУЗА

Как и жить мне с этой обузой,
А еще называют Музой,
Говорят: «Ты с ней на лугу . . .»
Говорят: «Божественный лепет . . .»
Жестче, чем лихорадка, оттреплет,
И опять весь год ни гу-гу.

4 ПОЭТ

Подумаешь, тоже работа –
Беспечное это житье:
Подслушать у музыки что-то
И выдать шутя за свое.

И, чье-то веселое скерцо
В какие-то строки вложив,
Поклясться, что бедное сердце
Так стонет средь блещущих нив.

А после подслушать у леса,
У сосен, молчальниц на вид,
Пока дымовая завеса
Тумана повсюду стоит.

Ein ärgerlicher Ruf, frischer Geruch von Teer,
Geheimnisvoller Schimmel an der Wand . . .
Und unverschämt und zärtlich tönt der Vers,
Ihnen und mir zum Spaß.

3   DIE MUSE

Wie nur leb ich mit dieser Last,
Und sie nennens noch MUSE, das,
Sie sagen: In Wiesen Inspiration,
Sie sagen: Göttliches Lallen –
Sie wird dich wie Fieber befallen,
Und dann wieder ein Jahr lang kein Ton.

4   DER DICHTER

Denk an, das nennt sich nun Arbeit,
Ein sorgloses Leben, ja –
Einer Musik etwas abhörn
Und sagen: das hab ich gemacht.

Und, wenn man jemandes Scherzo
In ein paar Zeilen schlägt,
Beschwörn, daß das arme Herze
In den blühenden Fluren stöhnt.

Und dann den Wald belauschen,
Die schweigsamen Kiefern sehn,
Solang überall der graue
Vorhang des Nebels weht –

Налево беру и направо,
И даже, без чувства вины,
Немного у жизни лукавой,
И всё – у ночной тишины.

Sommer 1959
Komarowo

5   ЧИТАТЕЛЬ

Не должен быть очень несчастным
И, главное, скрытным. О нет! –
Чтоб быть современнику ясным,
Весь настежь распахнут поэт.

И рампа торчит под ногами,
Всё мертвенно, пусто, светло,
Лайм-лайта холодное пламя
Его заклеймило чело.

А каждый читатель как тайна,
Как в землю закопанный клад,
Пусть самый последний, случайный,
Всю жизнь промолчавший подряд.

Там всё, что природа запрячет,
Когда ей угодно, от нас.
Там кто-то беспомощно плачет
В какой-то назначенный час.

И сколько там сумрака ночи,
И тени, и сколько прохлад,
Там те незнакомые очи
До света со мной говорят,

Von links, von rechts – ich nehme
Und ohne Schuldgefühl
Vom arglistigen Leben ein wenig,
Den Rest von der nächtlichen Stille.

5   DER LESER

Und nicht zu tief im Unglück
Sei er, und ja nicht verschlossen –
Daß er den Lebenden klar ist
Steht der Dichter, ein Tor, sperrweit offen.

Zu den Füßen ragt die Rampe,
Alles tot, leer, klirrendes Licht –
Des Limelight kalte Flamme
Zeichnete sein Gesicht.

Und jeder Leser ist wie ein Geheimnis,
Wie ein vergrabener Schatz.
Wärs der letzte, wär es einer,
Der sein Lebtag geschwiegen hat.

Dort ist alles, was uns die Erde,
Wann immer sie will verbirgt.
Dort weint jemand, einer, hilflos
Zur Stunde, die angesetzt ist.

Und wieviel dort nächtliche Schatten,
Und Finsternisse, und kühl.
Doch die Augen, die unbekannten,
Reden mit mir bis zum Licht.

За что-то меня упрекают
И в чем-то согласны со мной . . .
Так исповедь льется немая,
Беседы блаженнейший зной.

Наш век на земле быстротечен
И тесен назначенный круг,
А он неизменен и вечен –
Поэта неведомый друг.

Sommer 1959
Komarowo

ЭПИГРАММА

Могла ли Биче, словно Дант, творить,
Или Лаура жар любви восславить?
Я научила женщин говорить . . .
Но, Боже, как их замолчать заставить!

1958

Осипу Мандельштаму

О, как пряно дыханье гвоздики,
Мне когда-то приснившейся там –
Там, где кружатся Эвридики,
Бык Европу везет по волнам;
Там, где наши проносятся тени,
Над Невой, над Невой, над Невой;
Там, где плещет Нева о ступени, –
Это пропуск в бессмертие твой.

1957

Für das eine sind sie voll Zweifel,
Für das andere loben sie mich . . .
So fließt die stumme Beichte,
Die seligste Glut des Gesprächs.

Unsre Zeit geht auf Erden eilig
Und eng ist der Ring gelegt.
Doch er, unwandelbar, ewig,
Bleibt: ohne Namen, der Freund des Poeten.

EPIGRAMM

Und Beatrice – schuf sie wie Dante Verse?
Berühmte Laura je der Liebe Glut?
Nun lehrte ich die Frauen sprechen . . .
Wie bringt man sie zum Schweigen, großer Gott?

Für Ossip Mandelstam

O wie gewürzt der Atem der Nelke,
Die mir dort im Traum erschien,
Wo Eurydiken sich drehn, wo auf Wellen
Der Stier Europa entführt;
Dort, wo unsere Schatten fliegen
Überm Fluß, überm Fluß, überm Fluß;
Wo die Newa schwappt ans Granitene –
Zur Unsterblichkeit dein Propusk.

95

Родная земля

И в мире нет людей бесслезней,
Надменнее и проще нас.

1922

В заветных ладанках не носим на груди,
О ней стихи навзрыд не сочиняем,
Наш горький сон она не бередит,
Не кажется обетованным раем.
Не делаем ее в душе своей
Предметом купли и продажи,
Хворая, бедствуя, немотствуя на ней,
О ней не вспоминаем даже.
    Да, для нас это грязь на калошах,
    Да, для нас это хруст на зубах.
    И мы мелем, и месим, и крошим
    Тот ни в чем не замешанный прах.
Но ложимся в нее и становимся ею,
Оттого и зовем так свободно – своею.

1961
Leningrad

HEIMATERDE

Doch niemand auf der Welt ist tränenloser,
Hochmütiger und einfacher als wir.

1922

Wir tragen sie nicht an Kettchen um den Hals,
Wir schluchzen über sie nicht Verse, endlos lange.
Sie nimmt uns nicht den bittren, unsern Schlaf,
Sie scheint uns nicht das lang verheißene Land.
Wir schlagen sie nicht für die Seele
Zum Gegenstand von Ankauf und Verkauf,
Und wenn wir krank, bedrängt und schweigend auf ihr leben,
Nimmt keiner sie in seine Träume auf.
    Ja, für uns ist das Dreck an Galoschen,
    Ja, für uns ist das, was knirscht auf dem Zahn.
    Und wir mahlen und trampeln und schlucken
    Diesen Staub, schuldlos und uralt.
Doch weil wir uns in sie legen und sie werden,
Nennen wir sie so leicht: unsere Erde.

Ржавеет золото, и истлевает сталь,
Крошится мрамор. К смерти всё готово.
Всего прочнее на земле – печаль
И долговечней – царственное слово.

1945

GOLD rostet, Stahl verwest zu Staub,
Marmor zerbröckelt. Alles ist bereit zum Tod.
Am dauerhaftesten auf Erden ist die Trauer.
Es überlebt: das königliche Wort.

К стихам

Вы так вели по бездорожью,
Как в мрак падучая звезда.
Вы были горечью и ложью,
А утешеньем – никогда.

1961

AN DIE VERSE

Ihr durch die Finsternis ein fallender Stern,
Wege wo keine sind im Weglosen,
Bitterkeit, Lüge, immerneuer Schmerz,
Ihr niemals Trost.

ПОЛНОЧНЫЕ СТИХИ

Только зеркало зеркалу снится,
Тишина тишину сторожит . . .
Решка

ВМЕСТО ПОСВЯЩЕНИЯ

По волнам блуждаю и прячусь в лесу,
Мерещусь на чистой эмали,
Разлуку, наверно, неплохо снесу,
Но встречу с тобою – едва ли.

Sommer 1963

ПРЕДВЕСЕННЯЯ ЭЛЕГИЯ

. . . toi qui m'as consolée.
Gérard de Nerval

Меж сосен метель присмирела,
Но, пьяная и без вина,
Там, словно Офелия, пела
Всю ночь нам сама тишина.

А тот, кто мне только казался,
Был с той обручен тишиной,
Простившись, он щедро остался,
Он насмерть остался со мной.

10. März 1963
Komarowo

И ПОСЛЕДНЕЕ

Была над нами, как звезда над морем,
Ища лучом девятый смертный вал,

MITTERNACHTSGEDICHTE

Es sieht im Traum nur der Spiegel den
Spiegel, Die Stille die Stille bewacht.
Kehrseite

STATT EINER WIDMUNG

Über Wasser gehalten, verborgen im Wald,
Auf des Himmels Emaille undeutlich im Licht,
So weiß ich, daß ich die Trennung ertrag,
Nur dir zu begegnen nicht.

VORFRÜHLINGSELEGIE

. . . toi qui m'as consolée.
Gérard de Nerval

In den Kiefern der Schneesturm nun ruhig.
Und kein Wein – doch trunken und hell
Sang, als wär es Ophelia, uns
Die Nacht durch die Stille selbst.

Und der, der mir nur erschien,
War mit jener Stille verlobt.
Nach dem Abschied, freigebig: er blieb
Mit mir, auf Leben, auf Tod.

UND LETZTES

Sie war über uns wie überm Meer der Stern,
Die neunte, die tödliche Woge sucht ihr Strahl,

Ты называл ее бедой и горем,
А радостью ни разу не назвал.

Днем перед нами ласточкой кружила,
Улыбкой расцветала на губах,
А ночью ледяной рукой душила
Обоих разом. В разных городах.

И никаким не внемля славословьям,
Перезабыв все прежние грехи,
К бессоннейшим припавши изголовьям,
Бормочет окаянные стихи.

23.-25. Juli 1963

ВМЕСТО ПОСЛЕСЛОВИЯ

А там, где сочиняют сны,
Обоим – разных не хватило,
Мы видели один, но сила
Была в нем, как приход весны.

1965

Du hast sie Unglück, hast sie Schmerz genannt,
Freude nanntest du sie kein einziges Mal.

Tags kreiste sie als Schwalbe vorm Gesicht,
Und auf den Lippen blühte sie als Lächeln.
Doch nachts mit eiskalten Händen würgte sie
Beide zugleich. In verschiedenen Städten.

Und auf die Ruhmgeschwätze rings nicht hörend,
Und all die Sünden vorher nun vergessen,
Murmelt sie am schlaflosesten der Kissen
Die ruchlosen und die verfluchten Verse.

STATT EINES NACHWORTS

Doch dort, wo man die Träume dichtet,
Hats zu verschiedenen für uns nicht gereicht.
Wir träumten einen – doch in ihm lag leicht
Die Kraft des Frühjahrs, die das Eis zerbricht.

ПУТЕМ ВСЕЯ ЗЕМЛИ

*В санях сидя, отправляясь
путем всея земли ...*

*Поучение
Владимира Мономаха детям*

1

Прямо под ноги пулям,
Расталкивая года,
По январям и июлям
Я проберусь туда ...
Никто не увидит ранку,
Крик не услышит мой,
Меня, китежанку,
Позвали домой.
И гнались за мною
Сто тысяч берез,
Стеклянной стеною
Струился мороз.
У давних пожарищ
Обугленный склад.
«Вот пропуск, товарищ,
Пустите назад ...»
И воин спокойно
Отводит штык.
Как пышно и знойно
Тот остров возник!
И красная глина,
И яблочный сад ...
Из аквамарина
Пылает закат.
Тропиночка круто
Взбиралась, дрожа.
Мне надо кому-то
Здесь руку пожать ...

DEN WEG ALLER WELT

Im Schlitten sitzend mache ich mich auf,
Gerüstet für die Wege aller Welt . . .
Belehrung des Wladimir Monomach
für seine Kinder

1

Direkt vor die Kugeln,
Zur Seite stoßend die Zeit,
Durch Januar, Juli
Bahn ich meinen Weg . . .
Die Wunde, die kleine,
Sie wird keiner sehn,
Den Schrei keiner hören –
Von Kitesh die letzte,
Man rief sie herbei.
Es jagten die Birken
Mir nach voller Hast,
Es flimmerten Fröste
Wie splitterndes Glas.
Dort bei den Ruinen
Der Speicher: brandschwarz.
»Hier mein Passierschein,
Ich will jetzt zurück . . .«
Der Krieger, gelassen,
Hebt sein Bajonett.
Wie üppig und glühend
Das Eiland erschien:
Der Lehmhang, der rote,
Der Apfelhain, grün . . .
Es lodert die Sonne
Wie Aquamarin.
Ein Steilpfad, ein schmaler,
Stieg zitternd bergan.
Kommt niemand, dem ich hier

Но хриплой шарманки
Не слушаю стон.
Не тот китежанке
Послышался звон.

2

Окопы, окопы –
Заблудишься тут!
От старой Европы
Остался лоскут,
Где в облаке дыма
Горят города . . .
И вот уже Крыма
Темнеет гряда.
Я плакальщиц стаю
Веду за собой.
О, тихого края
Плащ голубой! . . .
Над мертвой медузой
Смущенно стою;
Здесь встретилась с Музой,
Ей клятву даю.
Но громко смеется,
Не верит: «Тебе ль?»
По капелькам льется
Душистый апрель.
И вот уже славы
Высокий порог,
Но голос лукавый
Предостерег:
«Сюда ты вернешься,
Вернешься не раз,

Die Hand reichen kann?
Der Drehorgel Stöhnen –
Ich höre es nicht,
Denn nicht solche Töne
Hört die aus Kitesh . . .

2

Du kannst dich verirren
Hier zwischen den Gräben!
Vom alten Europa
Fetzen nur blieben.
In Rauchwolken brennen
Die Städte . . . Da liegt
Schon dunkel die Kette
Der Krim.
Die klagenden Weiber
Führe ich an.
O Mantel, du blauer,
Des schweigenden Lands . . .
Der toten Meduse
Neig ich mich neu.
Hier sah ich die Muse.
Ich schwor ihr die Treue.
Doch sie, ach, sie lachte
Und glaubt mir nicht: »Du?«
Und Tropfen um Tropfen
Verrinnt der April.
Da ist schon die Schwelle,
Die hohe, des Ruhms,
Es warnt eine listige
Stimme: »Nach hier
Wirst stets du zurückkehrn
Und öfter noch sein,

Но снова споткнешься
О крепкий алмаз.
Ты лучше бы мимо,
Ты лучше б назад,
Хулима, хвалима,
В отеческий сад.»

3

Вечерней порою
Сгущается мгла.
Пусть Гофман со мною
Дойдет до угла.
Он знает, как гулок
Задушенный крик,
И чей в переулок
Забрался двойник.
Ведь это не шутки,
Что двадцать пять лет
Мне видится жуткий
Один силуэт.
«Так, значит, направо?
Вот здесь, за углом?
Спасибо!» – Канава
И маленький дом.
Не знала, что месяц
Во всё посвящен.
С веревочных лестниц
Срывается он,
Спокойно обходит
Покинутый дом,
Где ночь на исходе
За круглым столом
Гляделась в обломок

Doch stets wirst du stolpern
Über den Stein.
Flieg lieber vorüber,
Flieh, eh es zu spät,
In den heimischen Garten,
Gelobt und geschmäht.«

3

Der Nebel wird dichter
Am Abend, ich wollt
Mit mir ginge Hoffmann
Bis an diese Ecke.
Er weiß ja, wie hallend
Ein Schreien erstickt,
Wessen Doppelgänger sich dort
In die Gasse geschlichen.
Es ist ja kein Scherz,
Daß schon fünfundzwanzig
Jahr lang den einen
Unheimlichen
Schatten ich sehe.
»So, also nach rechts dort?
Und hier um die Ecke?
Ich danke!« – Ein Graben,
Ein winziges Haus.
Wie konnte ich ahnen,
Daß von der Partie
Auch noch der Mond war.
Er stürzte herunter
Die Strickleiter, machte
Gelassen die Runde
Durchs einsame Haus,
Wo am runden Tisch

Разбитых зеркал
И в груде потемок
Зарезанный спал.

4

Чистейшего звука
Высокая власть,
Как будто разлука
Натешилась всласть.
Знакомые зданья
Из смерти глядят –
И будет свиданье
Печальней стократ
Всего, что когда-то
Случилось со мной . . .
За новой утратой
Иду я домой.

5

Черемуха мимо
Прокралась, как сон.
И кто-то «Цусима!»
Сказал в телефон.
Скорее, скорее –
Кончается срок:
«Варяг» и «Кореец»
Пошли на восток . . .
Там ласточкой реет
Старая боль . . .
А дальше темнеет

Die endende Nacht
Sich in einer Scherbe
Des Spiegels betrachtet,
Und in einem Haufen
Von Dunkelheit ein
Ermordeter schlief.

4

Eines lauteren
Lauts hohe Macht,
Als hätte die Trennung
Sich lustvoll vergnügt.
Und wie aus dem Tod
Starrn vertraute Gebäude –
Das Wiedersehn aber
Wird hundertmal schlimmer,
Als alles, was einst mir
Hier widerfahren . . .
So geh ich nach Hause
Um neuen Verlust.

5

Ein Faulbeerbaum schlich sich
Vorbei wie ein Traum.
»Tsushima« sprach jemand,
Sprachs ins Telefon.
Beeilt euch, beeilt euch –
Zuende die Frist:
Die russische Flotte
Lief aus nach Fernost . . .
Dort, wie eine Schwalbe
Schwebt alter Schmerz . . .
Und Fort Chabrol wartet,

Форт Шаброль,
Как прошлого века
Разрушенный склеп,
Где старый калека
Оглох и ослеп.
Суровы и хмуры,
Его сторожат
С винтовками буры.
«Назад, назад!!»

6

Великую зиму
Я долго ждала,
Как белую схиму
Ее приняла.
И в легкие сани
Спокойно сажусь . . .
Я к вам, китежане,
До ночи вернусь.
За древней стоянкой
Один переход . . .
Теперь с китежанкой
Никто не пойдет,
Ни брат, ни соседка,
Ни первый жених, –
Лишь хвойная ветка
Да солнечный стих,
Оброненный нищим
И поднятый мной . . .
В последнем жилище
Меня упокой.

10.-12. März 1940
Fontanny Dom

Ein dunkelnder Klotz,
Vergangnen Jahrhunderts
Zertrümmerte Gruft,
Wo blind und ertaubt ist
Ein Krüppel, ein Greis.
Mit finsteren Stirnen,
Gewehr bei Gewehr,
Stehn Wache die Buren:
»Zurück jetzt, zurück!«

6

Auf diesen erhabnen
Winter hab lange
Ich schon gewartet.
Als weißen Schleier
Hab ich ihn empfangen.
Ich steig in den Schlitten,
Den leichten, voll Ruhe . . .
Zu euch, ihr von Kitesh,
Komm ich, eh es Nacht wird.
Die alte Station –
Dann noch eine Strecke . . .
Mit der aus Kitesh
Wird niemand mehr gehen:
Nicht Bruder, nicht Freundin,
Kein erster Verlobter,
Nur der Zweig einer Tanne,
Ein Vers voller Sonne,
Den einer verloren,
Der bettelarm ist –
Ich hob ihn auf . . .
Gib mir die ewige Ruhe
Im letzten Zuhaus.

ПОЭМА БЕЗ ГЕРОЯ
Триптих
1940-1962

Deus conservat omnia
(Девиз в гербе Фонтанного Дома)

POEM OHNE HELD
Triptychon

Deus conservat omnia
(Wahlspruch im Wappen des »Fontanny Dom«)

Иных уж нет, а те далече.
Пушкин

Первый раз она пришла ко мне в Фонтанный Дом в ночь на 27 декабря 1940 г., прислав, как вестника, еще осенью один небольшой отрывок («Ты в Россию пришла ниоткуда . . .»).

Я не звала ее. Я даже не ждала ее в тот холодный и темный день моей последней ленинградской зимы.

Ее появлению предшествовало несколько мелких и незначительных фактов, которые я не решаюсь назвать событиями.

В ту ночь я написала два куска первой части («1913» и «Посвящение»). В начале января я почти неожиданно для себя написала «Решку», а в Ташкенте (в два приема) – «Эпилог», ставший третьей частью поэмы, и сделала несколько существенных вставок в обе первые части.

Я посвящаю эту поэму памяти ее первых слушателей – моих друзей и сограждан, погибших в Ленинграде во время осады. Их голоса я слышу и вспоминаю их, когда читаю поэму вслух, и этот тайный хор стал для меня навсегда оправданием этой вещи.

8. April 1943
Taschkent

До меня часто доходят слухи о превратных и нелепых толкованиях «Поэмы без героя». И кто-то даже советует мне сделать поэму более понятной.

Я воздержусь от этого.

Никаких третьих, седьмых, двадцать девятых смыслов поэма не содержит.

Ни изменять ее, ни объяснять я не буду.

«Еже писахъ – писахъ.»

November 1944
Leningrad

Und einige sind schon nicht mehr,
Die andern aber, sie sind fern.

Puschkin

Zum erstenmal kam es zu mir in das *Fontanny Dom* in der Nacht auf den 27. Dezember 1940, nachdem es schon im Herbst ein kleines Stück (»Nach Rußland bist du gekommen / Von nirgendwoher . . .«) als Vorboten geschickt hatte.

Ich hatte es nicht gerufen. Ich hatte es nicht einmal erwartet an jenem kalten und dunklen Tag meines letzten Leningrader Winters.

Seinem Erscheinen waren einige kleine und unbedeutende Fakten vorausgegangen, die als Ereignisse zu bezeichnen ich mich nicht entschließen kann.

In jener Nacht schrieb ich zwei Stücke des ersten Teils (»1913« und die »Widmung«), Anfang Januar, fast unerwartet für mich, die »Kehrseite«, und in Taschkent (in zwei Anläufen) den Epilog, der später zum dritten Teil des Poems wurde, sowie einige wesentliche Einschübe für die beiden ersten Teile.

Ich widme dieses Poem dem Andenken seiner ersten Zuhörer – meinen Freunden und Mitbürgern, die während der Belagerung in Leningrad den Tod gefunden haben.

Ihre Stimmen höre ich, und ihrer gedenke ich, wenn ich das Poem vortrage, und dieser unsichtbare Chor ist für mich eine Rechtfertigung dieser Arbeit geworden.

Zu mir gelangen oft Gerüchte von irrigen und törichten Deutungen des »Poems ohne Held«. Und einige Leute raten mir sogar, das Poem verständlicher zu machen.

Davon werde ich Abstand nehmen.

Das Poem enthält keinerlei dritten, siebten oder neunundzwanzigsten Sinn.

Ich werde es weder abändern noch interpretieren.

»Quod scripsi, scripsi.«

27 декабря 1940
ПОСВЯЩЕНИЕ

Вс. К.

. . . .

. . . а так как мне бумаги не хватило,
я на твоем пишу черновике.
И вот чужое слово проступает
и, как тогда снежинка на руке,
доверчиво и без упрека тает.
И темные ресницы Антиноя
вдруг поднялись – и там зеленый дым,
и ветерком повеяло родным . . .
Не море ли?

       Нет, это только хвоя
могильная, и в накипаньи пен
всё ближе, ближе . . .

            Marche funèbre . . .

                 Шопен . . .

Nacht
Fontanny Dom

ВТОРОЕ ПОСВЯЩЕНИЕ

О. С.

Ты ли, Путаница-Психея,
  Черно-белым веером вея,
    Наклоняешься надо мной,
Хочешь мне сказать по секрету,
  Что уже миновала Лету
    И иною дышишь весной.
Не диктуй мне, сама я слышу:
  Теплый ливень уперся в крышу,
    Шепоточек слышу в плюще.

27. Dezember 1940

Vs. K.

. . . .
Und weil ich kein Papier mehr habe, schreibe
Ich dies auf deinem Manuskript, und sieh:
Ein fremdes Wort erscheint, das längst verblich,
Und taut, wie damals jene Flocke Schnee
Auf deiner Hand, ganz still und zutraulich.
Die dunklen Wimpern des Antinoos
Sie haben sich gehoben, grüner Rauch,
Und da: ein Wehen, heimatlich vertraut . . .
Das Meer vielleicht?
                    Nein, Friedhofsgrün und Moos . . .
Und wie im Schaum aufbrodelnd, näher, näher . . .
                    Der Marche funèbre . . .
                              Frederyk Chopin . . .

ZWEITE WIDMUNG

                                                                Für O. S.

Bist du es, Verwirrerin-Psyche,
    Die sich mit schwarz-weißem Fächergeraschel
        Über mich beugt,
Und die mit vertraulicher Rede
    Mir sagen will, daß sie schon die Lethe
        Hinter sich ließ, anderem Frühling vertraut?
Diktiere mir nichts, ich höre den Regen:
    Wieder stemmt er dem Dach sich entgegen
        Und flüstert im Efeu mit zärtlichem Ton.

121

Кто-то маленький жить собрался,
　　Зеленел, пушился, старался
　　　　Завтра в новом блеснуть плаще.
Сплю –
　　　　она одна надо мною, –
　　Ту, что люди зовут весною,
　　　　Одиночеством я зову.
Сплю –
　　　　мне снится молодость наша,
　　Та, ЕГО миновавшая чаша;
　　　　Я ее тебе наяву,
Если хочешь, отдам на память,
　　Словно в глине чистое пламя
　　　　Иль подснежник в могильном рву.

25. Mai 1945
Fontanny Dom

ТРЕТЬЕ И ПОСЛЕДНЕЕ
(Le jour des rois)

Раз в Крещенский вечерок . . .
Жуковский

Полно мне леденеть от страха,
　　Лучше кликну Чакону Баха,
　　　　А за ней войдет человек . . .
Он не станет мне милым мужем,
　　Но мы с ним такое заслужим,
　　　　Что смутится Двадцатый Век.
Я его приняла случайно
　　За того, кто дарован тайной,
　　　　С кем горчайшее суждено,
Он ко мне во дворец фонтанный
　　Опоздает ночью туманной
　　　　Новогоднее пить вино.

122

Ein Winziges hat jetzt begonnen zu leben,
  Hat Knospen getrieben, sich Mühe gegeben,
    Morgen im neuen Mantel zu stehn.
Ich schlafe –
            und über mir ist er allein, –
  Der, den die Menschen Frühling nennen,
    Und der für mich Einsamkeit heißt.
Ich schlafe –
          im Traum von der Jugend umfangen,
  Und SEINEN Kelch, der vorübergegangen,
    Ich werd, wenn du willst,
Zum Angedenken ihn dir überreichen,
  So mag er der Flamme im Öllämpchen gleichen
    Oder dem Schneeglöckchen auf deinem Grab.

DRITTE UND LETZTE WIDMUNG
(Le jour des rois)

Am Dreikönigsabend einst . . .
Shukowski

Will nicht länger mehr Eis sein vor Furcht und Gewimmer,
  Ruf mir lieber die Bachsche Chaconne in mein Zimmer,
    Und dann wird erscheinen ein Mensch.
Nicht zur Ehe will ich ihn gewinnen,
  Doch wir zwei werden etwas vollbringen,
    Das dieses Jahrhundert beschämt.
Vielleicht wollt in ihm ich jenen nur denken,
  Der einem geschenkt wird von den Sakramenten,
    Durch die man das Bitterste teilt.
Zu mir in das Haus mit dem Springbrunnen kommen
  Wird er zu spät, wenn, im Nebel verschwommen,
    Die Nacht ihren Neujahrswein trank.

И запомнит Крещенский вечер,
Клен в окне, венчальные свечи
И поэмы смертный полет . . .
Но не первую ветвь сирени,
Не кольцо, не сладость молений –
Он погибель мне принесет.

5. Januar 1956

ВСТУПЛЕНИЕ

Из года сорокового,
Как с башни, на все гляжу.
Как будто прощаюсь снова
С тем, с чем давно простилась,
Как будто перекрестилась
И под темные своды схожу.

25. August 1941
Belagertes Leningrad

Den Dreikönigsabend behält er im Herzen,
  Den Ahorn vorm Fenster, die Hochzeitskerzen,
    Den Flug des Poems in den Tod . . .
Doch wird er den ersten Flieder nicht bringen,
  Kein süßes Flehen und auch nicht die Ringe,
    Nur Verderben bringt er mir mit.

EINLEITUNG

Ich seh aus dem vierzigsten Jahr
  Wie von einem Turm auf alles herab,
    So, als nähme ich wieder Abschied von dem,
      Wovon ich mich längst verabschiedet hab,
        Als hätte ich mich bekreuzigt
          Und ginge in einem dunklen Gewölbe.

Di rider finirai
Pria dell'aurora.
«Don Giovanni»

ГЛАВА ПЕРВАЯ

Новогодний праздник длится пышно,
Влажны стебли новогодних роз.
«Четки»

С Татьяной нам не ворожить . . .
«Онегин»

Новогодний вечер. Фонтанный Дом. К автору, вместо того, кого ждали, приходят тени из тринадцатого года под видом ряженых. Белый зеркальный зал. Лирическое отступление – «Гость из будущего». Маскарад. Поэт. Призрак.

Я зажгла заветные свечи,
   Чтобы этот светился вечер,
      И с тобой, ко мне не пришедшим,
         Сорок первый встречаю год.
Но . . .
   Господняя сила с нами!
      В хрустале утонуло пламя,
         «И вино, как отрава, жжет».
Это всплески жесткой беседы,
   Когда все воскресают бреды,
      А часы всё еще не бьют . . .
Нету меры моей тревоге,
   Я сама, как тень на пороге,
      Стерегу последний уют.
И я слышу звонок протяжный,
   И я чувствую холод влажный,
      Каменею, стыну, горю . . .

ERSTER TEIL
DAS JAHR NEUNZEHNHUNDERTUNDDREIZEHN
Petersburger Erzählung

Di rider finirai
Pria dell' aurora.
»Don Giovanni«

ERSTES KAPITEL

Prunkvoll zieht das Neujahrsfest sich hin,
Und der Neujahrsrosen Stiele glänzen feucht.
»Rosenkranz«

Die Zukunft mit Tatjana zu befragen –
Leider wirds uns niemals möglich sein.
»Onegin«

Silvester. Fontanny Dom. Zum Autor kommen an Stelle dessen, der erwartet wurde, Schatten aus dem Jahre dreizehn in Gestalt von Masken. Weißer Spiegelsaal. Lyrische Abschweifung – »Gast aus der Zukunft«. Maskerade. Der Dichter. Geistererscheinung.

Die heilig gehüteten Kerzen
   Hab ich entzündet, und in ihrem Schein
      Begrüß ich mit dir, der nicht gekommen,
         Das Jahr einundvierzig.
Doch . . .
   Gott steh uns bei! Im Kristall
      Ist die Flamme ertrunken. »Wie Gift
         Brennt der Wein.«
Es schwappen die Fetzen strenger Gespräche,
   Wo die Alpträume wieder erstehn,
      Aber immer noch schlägt keine Uhr . . .
Meine Unruhe kennt keine Grenzen,
   Als Schatten bewach ich
      Auf der Schwelle den Ort meiner Zuflucht.
Und höre langtönendes Läuten,
   Spür feuchtnasse Kälte, versteinre,
      Erstarre und brenne . . .

И, как будто припомнив что-то,
    Повернувшись вполоборота,
        Тихим голосом говорю:
«Вы ошиблись: Венеция дожей —
    Это рядом . . . Но маски в прихожей
        И плащи, и жезлы, и венцы
Вам сегодня придется оставить.
    Вас я вздумала нынче прославить,
        Новогодние сорванцы!»
Этот Фаустом, тот Дон Жуаном,
    Дапертутто, Иоканааном,
        Самый скромный — северным Гланом
            Иль убийцею Дорианом,
                И все шепчут своим дианам
                    Твердо выученный урок.
А для них расступились стены,
    Вспыхнул свет, завыли сирены
        И как купол вспух потолок.
Я не то что боюсь огласки . . .
    Что мне Гамлетовы подвязки,
        Что мне вихрь Саломеиной пляски,
            Что мне поступь Железной Маски,
                Я еще пожелезней тех . . .
И чья очередь испугаться,
    Отшатнуться, отпрянуть, сдаться
        И замаливать давний грех?
Ясно всё:
            Не ко мне, так к кому же?
        Не для них здесь готовился ужин,
        И не им со мной по пути.
Хвост запрятал под фалды фрака . . .
    Как он хром и изящен! . . .
                            Однако
        Я надеюсь, Владыку Мрака
            Вы не смели сюда ввести?

Und als hätt ich mich wieder erinnert,
  Halb den Ankömmlingen zugewandt,
    Sag ich mit leiserer Stimme:
»Ihr habt euch geirrt – das Venedig der Dogen
  Ist nebenan . . . Doch der Platz
    Für die Masken und Mäntel, die Stäbe und Kronen
Wird heut im Vorzimmer sein.
  Euch will heute ich preisen,
    Ihr Neujahrsgäste, ihr tollen!«
Dieser ein Faust, ein Don Juan der andre,
  Ein Dappertutto, Jochanaan und
    Ein bescheidener Glahn aus dem Norden
      Oder der Mörder Dorian Gray.
        Und alle flüstern ins Ohr den Dianen
          Ihre mit Fleiß gelernte Lektion.
Für sie traten auseinander die Wände,
  Sirenen heulten und Licht flammte auf,
    Wie eine Kuppel hob sich die Decke.
Nicht daß ich fürchte, dies käm unter die Leute . . .
  Was sind mir die Strumpfbänder Hamlets, was
    Ist mir der Wirbel von Salomes Tanz,
      Was ist mir der Schritt der Eisernen Maske,
        Bin ich doch eiserner als alle sie . . .
Wer ist an der Reihe, sich zu erschrecken,
  Zurückzuprallen, sich zu ergeben,
    Um alter Sünden Vergebung zu flehn?
Ganz klar:
        Wenn nicht zu mir, zu wem sonst wolln sie gehn?
  Nicht für sie ward das Abendessen bereitet,
    Nicht sie gehn die Wege, die gleichen, wie ich.
Den Schwanz hat versteckt er unter dem Frackschoß,
  Wie ist elegant er und hinkt! – Doch ich hoffe,
    Ihr hättet euch nicht unterstanden, den Herrscher
      Der Finsternis hierher zu bringen.

Маска это, череп, лицо ли –
        Выражение злобной боли,
                Что лишь Гойя смел передать.
Общий баловень и насмешник –
        Перед ним самый смрадный грешник –
                Воплощенная благодать . . .
Веселиться – так веселиться,
        Только как же могло случиться,
                Что одна я из них жива?
Завтра утро меня разбудит,
        И никто меня не осудит,
                И в лицо мне смеяться будет
                        Заоконная синева.
Но мне страшно: войду сама я,
        Кружевную шаль не снимая,
                Улыбнусь всем и замолчу.
С той, какою была когда-то
        В ожерелье черных агатов
                До долины Иосафата,
                        Снова встретиться не хочу . . .
Не последние ль близки сроки? . . .
        Я забыла ваши уроки,
                Краснобаи и лжепророки!
                        Но меня не забыли вы.
Как в прошедшем грядущее зреет,
        Так в грядущем прошлое тлеет –
                Страшный праздник мертвой листвы.

Б   *Звук шагов, тех, которых нету,*
Е   *По сияющему паркету,*
       И сигары синий дымок.
Л   *И во всех зеркалах отразился*
       Человек, что не появился
Ы   *И проникнуть в тот зал не мог.*
Й   *Он не лучше других и не хуже,*
       Но не веет летейской стужей,

Ob eine Maske, ein Schädel, ein Antlitz –
   Den Ausdruck erbittertsten Schmerzes
      Hätt wiederzugeben gewagt nur Goya.
Ein Liebling, von allen verwöhnt, und ein Spötter –
   Verglichen mit ihm, ist selbst noch der Sünder,
      Der in der Hölle geschmort, eine Gnade.
Wenn fröhlich – dann richtig,
   Nur – wie konnts geschehen,
      Daß ich von allen allein hier noch lebe?
Es wird mich morgen wecken die Frühe,
   Niemand wird mich verurteilen, lachen
      Wird mir ins Gesicht
         Vorm Fenster das Blau.
Doch mir ist zum Fürchten: Ich werde,
   Ohne mein Spitzentuch abzulegen, hineingehn,
      Allen werde ich zulächeln, schweigend.
Und jener, die ich einmal gewesen,
   Geschmückt mit schwarzen Achaten,
      Möchte ich bis zum Tale Josaphat
         Niemals wieder begegnen . . .
Sind nicht die letzten Fristen schon nahe ? . . .
   Eure Lehren – ich hab sie vergessen,
      Schönredner ihr und falsche Propheten!
         Aber ihr, ihr habt mich nicht vergessen.
Wie im Vergangnen das Künftige reift,
   So modert im Künftigen noch das Vergangne –
      Schreckliches Fest des gestorbenen Laubs.
   W   *Es gehen die Schritte derer,*
   E   *Die abwesend sind, übers Parkett.*
   I   *Und der blaue Rauch der Zigarre.*
   S   *Und in allen Spiegeln das Bild*
   S   *Jenes Mannes, der nicht erschienen*
   E   *Und nicht in den Saal gelangte.*
   R   *Er ist nicht besser, nicht schlechter*
      Als andre, doch weht nicht die Kälte

И в руке его теплота.
  Гость из будущего! – Неужели
Он придет ко мне в самом деле,
Повернув налево с моста?

С детства ряженых я боялась,
  Мне всегда почему-то казалось,
    Что какая-то лишняя тень
Среди них «без лица и названья»
  Затесалась . . .

                    Откроем собранье
      В новогодний торжественный день!
Ту полночную Гофманиану
  Разглашать я по свету не стану
    И других бы просила . . .

                              Постой,
Ты как будто не значишься в списках,
  В калиострах, магах, лизисках, –
    Полосатой наряжен верстой,
Размалеван пестро и грубо –
  Ты . . .

        ровесник Мамврийского дуба,
    Вековой собеседник луны.
Не обманут притворные стоны,
  Ты железные пишешь законы,
    Хаммураби, ликурги, солоны
      У тебя поучиться должны.
Существо это странного нрава,
  Он не ждет, чтоб подагра и слава
    Впопыхах усадили его
      В юбилейные пышные кресла,
        А несет по цветущему вереску,
          По пустыням свое торжество.
И ни в чем не повинен: ни в этом,
  Ни в другом и ни в третьем . . .

S *Der Lethe um ihn, und in seinen Händen*
A *Ist Wärme, – o Gast aus der Zukunft!*
A *Könnte es sein, daß er kommt, von der Brücke*
L *Nach links abgebogen?*

Von Kindheit an hatte Angst ich vor Masken,
  Immer schien mir – ich weiß nicht warum –,
  Als habe ein Schatten sich eingeschlichen,
»Gesichtslos und namenlos«, unter die Gäste
        Eröffnen wir die Versammlung
        Am festlichen Neujahrstag!
Jene Mitternachtshoffmanniade
  Verkünde ich nicht aller Welt
      Und würd auch die anderen bitten . . . Doch halt!
Du stehst, wie es scheint, nicht auf der Liste
  Unter den Magiern, Cagliostros, Lisiskas, –
    Als Werstpfahl, als ein gestreifter, verkleidet,
Bunt und knallig bemalt –
  Du . . .
    Altersgenosse der Eiche von Mamre,
    Jahrhundertelang im Gespräch mit dem Mond.
Und niemanden täuscht das geheuchelte Stöhnen:
  Du schreibst sie, die eisenharten Gesetze,
    Es könnten die Hammurabis, Lykurge
      Und alle Solons noch von dir lernen.
Dies ist ein Geschöpf von seltsamem Wesen,
  Er wartet nicht, bis ihn Ruhm und Podagra
    Unversehens in das Parkett
      Der Jubiläumsgäste versetzen,
        Sondern er trägt über blühende Heide
          Und durch die Wüste seinen Triumph.
An nichts ist er schuld: nicht hieran, nicht daran,
  Nicht an was Drittem . . .

Вообще не пристали грехи.
Проплясать пред Ковчегом Завета
    Или сгинуть! . . .
                    Да что там! Про это
    Лучше их рассказали стихи.
Крик петуший нам только снится,
    За окошком Нева дымится,
        Ночь бездонна – и длится, длится –
            Петербургская чертовня . . .
В черном небе звезды не видно,
    Гибель где-то здесь, очевидно,
        Но беспечна, пряна, бесстыдна
            Маскарадная болтовня . . .
Крик:
        «Героя на авансцену!»
    Не волнуйтесь: Дылде на смену
    Непременно выйдет сейчас
И споет о священной мести . . .
    Что ж вы все убегаете вместе,
        Словно каждый нашел по невесте,
        Оставляя с глазу на глаз
Меня в сумраке с черной рамой,
    Из которой глядит тот самый,
        Ставший наигорчайшей драмой
            И еще не оплаканный час?

Это всё наплывает не сразу.
Как одну музыкальную фразу,
Слышу шепот: «Прощай! Пора!
Я оставлю тебя живою,
Но ты будешь моей вдовою,
Ты – Голубка, солнце, сестра!»
На площадке две слитые тени . . .
После – лестницы плоской ступени,

Die Dichter, sie leben
Jenseits von Gut und von Böse: entweder
Du tanzt vor der Bundeslade wie David
Oder entschließt dich, zugrunde zu gehn . . .
Doch wozu das! – Die Verse der Dichter
Erzählen es besser. Nur in den Träumen
Begann schon der Morgen. Newá, deine Nebel,
Sie steigen vorm Fenster. Kein Ende
Findet die Nacht, und der Teufelspakt
Petersburgs dauert.
Kein Stern ist am nachtschwarzen Himmel zu sehen,
Verderben geht, unverhüllt, irgendwo um,
Doch sorglos, pikant, voller Schamlosigkeiten
Ist das Maskeradengeschwätz . . .
Ein Ruf:
»Der Held vor den Vorhang!«
Seid ruhig: er kommt auf die Bühne, löst ab
Den Lulatsch, den langen, und singt euch
Sein Lied von der hehren Vergeltung . . .
Was lauft ihr davon, ihr alle zusammen,
Als hätte ein jeder sein Bräutchen gefunden,
Und laßt mich hier unter vier Augen allein
Vorm Dunkel der Bühne, aus dem jene Stunde,
Die noch nicht beweinte,
Zum bittersten Drama geworden,
Hervorstarrt?

All das zieht allmählich an mir vorüber.
Und wie eine musikalische Phrase
Hör ich ein Flüstern: »Leb wohl, es ist Zeit!
Ich lasse dich lebend zurück, aber du
Wirst meine Witwe sein, Täubchen, du, Sonne,
Schwester!« – Und dort auf der Treppe
Zwei ineinandergeflossene Schatten . . .
Und dann auf den Stufen ein Aufschrei:

Вопль: «Не надо!» и в отдаленьи
Чистый голос:

«Я к смерти готов.»

Факелы гаснут, потолок опускается. Белый (зеркальный)
зал снова делается комнатой автора. Слова из мрака:

Смерти нет – это всем известно,
    Повторять это стало пресно,
        А что есть – пусть расскажут мне.
Кто стучится?
                    Ведь всех впустили.
    Это гость зазеркальный? Или
        То, что вдруг мелькнуло в окне…
Шутки ль месяца молодого,
    Или вправду там кто-то снова
        Между печкой и шкафом стоит?
Бледен лоб, и глаза открыты…
    Значит, хрупки могильные плиты,
        Значит, мягче воска гранит…
Вздор, вздор, вздор! – От такого вздора
    Я седою сделаюсь скоро
        Или стану совсем другой.
Что ты манишь меня рукою?!
        За одну минуту покоя
        Я посмертный отдам покой.

»O nein!« – und in der Ferne
Die klare Stimme:
»Ich bin zum Sterben bereit.«

Die Fackeln verlöschen. Die Decke senkt sich herab. Der Weiße Saal wird wieder zum Zimmer des Dichters. Worte aus der Finsternis:

Es gibt keinen Tod – das wissen alle,
   Sich wiederholen ist fade,
      Doch was es gibt, soll man mir erzählen!
Wer klopft da?
            Sind hier nicht schon alle
   Versammelt? Der Gast aus dem Reich hinterm Spiegel?
      Etwas, das vor dem Fenster vorbeihuscht?
Sind es die Späße des aufgehnden Mondes?
   Oder steht wirklich dort schon wieder jemand
      Zwischen Ofen und Schrank,
Mit bleicher Stirn und mit offenen Augen?
   Also können die Gräber sich öffnen,
      Also ist weicher als Wachs der Granit . . .
Was für ein Unfug! Hör ich davon noch mehr,
   Werd ich ergrauen
      Oder eine ganz andere werden.
Was aber soll mir dein Winken?!
      Ach für nur eine Sekunde der Ruhe
      Gebe die ewige Ruhe ich hin.

Через площадку
Интермедия

Где-то вокруг этого места («... но беспечна, пряна, бесстыдна маскарадная болтовня...») бродили еще такие строки, но я не пустила их в основной текст:

«Уверяю, это не ново ...
    Вы дитя, Signor Casanova ...»
        «На Исакьевской ровно в шесть ...»
«Как-нибудь побредем по мраку,
    Мы отсюда еще в ‹Собаку› ...»
        «Вы отсюда куда?» –
                    «Бог весть!»
Санчо Пансы и Дон Кихоты
    И, увы, содомские Лоты
        Смертоносный пробуют сок,
Афродиты возникли из пены,
    Шевельнулись в стекле Елены,
        И безумья близится срок.
И опять из Фонтанного Грота,
    Где любовная стонет дремота,
        Через призрачные ворота
            И мохнатый и рыжий кто-то
                Козлоногую приволок.
Всех наряднее и всех выше,
    Хоть не видит она и не слышит –
        Не клянет, не молит, не дышит,
            Голова Madame de Lamballe.
А смиренница и красотка,
    Ты, что козью пляшешь чечетку,
        Снова гулишь томно и кротко:
            «Que me veut mon Prince Carnaval?»

138

Auf dem Podest
Intermezzo

Irgendwo im Umkreis dieser Stelle (».. . doch sorglos, pikant,
voller Schamlosigkeiten / Ist das Maskeradengeschwätz . . .«)
irrten noch folgende Zeilen umher, doch ich habe sie nicht in
den eigentlichen Text aufgenommen:

»Ich versichere Ihnen, das ist nichts Neues . . .
   Sie sind wie ein Kind, Signor Casanova . . .«
     »Auf dem Isaakplatz pünktlich um sechs . . .«
»Wir werden schon irgendwie durch die Dunkelheit stolpern,
   Wir gehen von hier dann noch in den ›Hund‹ . . .«
     »Wohin wolln Sie gehn?« –
                  »Das weiß der Himmel!«
Die Sancho Pansas und die Don Quichottes
   Und, hélas, aus Sodom die Lote,
     Sie kosten den tödlichen Saft,
Es sind aus dem Schaum getaucht Aphroditen,
   Es haben Helenen im Glas sich geregt,
     Der Zeitpunkt des Wahnsinns, er kommt immer näher.
Und wieder schleppt aus der Springbrunnengrotte,
   Wo schläfrig ertönt das Liebesgestöhn,
     Durchs Tor, das nur noch für Geister vorhanden,
       Ein rothaarig Zottliger eine der Nymphen,
       Die Bocksfüße haben.
Noch hübscher als alle und stolzer als alle –
   Wenn er auch nicht sehen und hören kann,
     Auch wenn er nicht flucht, nicht fleht und nicht atmet –
       Der Kopf der Madame de Lamballe.
Du Sanfte und Schöne,
   Du, die den Ziegentanz stampft,
     Du gurrst wieder schmachtend gefügig:
       »Que me veut mon Prince Carnaval?«

И в то же время в глубине зала, сцены, ада или на вершине Гетевского Брокена появляется О н а ж е (а может быть – ее тень):

Как копытца, топочут сапожки,
  Как бубенчик, звенят сережки,
    В бледных локонах злые рожки,
      Окаянной пляской пьяна, –
Словно с вазы чернофигурной,
  Прибежала к волне лазурной,
    Так парадно обнажена.
А за ней, в шинели и в каске,
  Ты, вошедший сюда без маски,
    Ты, Иванушка древней сказки,
      Что тебя сегодня томит?
Сколько горечи в каждом слове,
  Сколько мрака в твоей любови,
    И зачем эта струйка крови
      Бередит лепесток ланит?

ГЛАВА ВТОРАЯ

> *Ты сладострастней, ты телесней*
> *Живых – блистательная тень.*
> Баратынский

Спальня Героини. Горит восковая свеча. Над кроватью три портрета хозяйки дома в ролях. Справа – она Козлоногая, посередине – Путаница, слева – портрет в тени. Одним кажется, что это Коломбина, другим – Донна Анна (из «Шагов Командора»). За мансардным окном арапчата играют в снежки. Метель. Новогодняя полночь. Путаница оживает, сходит с портрета, и ей чудится голос, который читает:

Zu gleicher Zeit erscheint in der Tiefe des Saals, der Bühne, der
Hölle oder auf dem Gipfel des Goetheschen Brockens wie-
derum SIE (vielleicht aber auch nur ihr Schatten):

Die Stiefelchen trappeln wie kleine Hufe,
  Die Ohrringe klirren wie Schellen,
    In blaßblonden Locken Hörnerchen, böse,
      Trunken vom Tanz, dem verfluchten –
Als sei sie so festlich entblößt gekommen
  Von einer der schwarzfigurigen Vasen
    Hierher zu der meerblauen Welle.
Hinter ihr aber, mit Helm und im Mantel,
  Du, der du eintratest hier ohne Maske,
    Du, Iwánuschka uralten Märchens,
      Was ists, das dich heute so quält?
Ach, wieviel Bitterkeit in jedem der Worte,
  Und wieviel Dunkel in deiner Liebe,
    Warum hat dieses Rinnsal aus Blut
      Zerrissen das Blütenblatt deiner Wangen?

ZWEITES KAPITEL

> *Noch sinnlicher bist du und greifbarer als*
> *Die Lebenden, glänzender Schatten!*
> *Baratynski*

Schlafzimmer der Heldin. Es brennt eine Wachskerze. Über
dem Bett drei Porträts der Hausherrin in ihren Rollen. Rechts
ist sie die Bocksfüßige, in der Mitte die Verwirrerin; linkerhand
ein Porträt im Schatten. Die einen glauben, es sei Colombine,
andere – Donna Anna (aus »Die Schritte des Komturs«). Vor
dem Mansardenfenster schneeballspielende kleine Mohren.
Schneesturm. Um Mitternacht zu Silvester. Die Verwirrerin
erwacht zum Leben, tritt aus dem Bild, und glaubt, eine
Stimme zu hören, die deklamiert:

Распахнулась атласная шубка!
　　Не сердись на меня, Голубка,
　　　　Что коснулась и этого кубка:
　　　　Не тебя, а себя казню.
Всё равно подходит расплата –
　　Видишь, там, за вьюгой крупчатой,
　　　　Мейерхольдовы арапчата
　　　　Затевают опять возню
А вокруг старый город Питер,
　　Что народу бока повытер
　　　　(Как тогда народ говорил), –
В гривах, в сбруях, в мучных обозах,
　　В размалеванных чайных розах
　　　　И под тучей вороньих крыл.
Но летит, улыбаясь мнимо,
　　Над Маринскою сценой prima,
　　　　Ты – наш лебедь непостижимый, –
　　　　И острит опоздавший сноб.
Звук оркестра, как с того света
　　(Тень чего-то мелькнула где-то),
　　　　Не предчувствием ли рассвета,
　　　　По рядам пробежал озноб?
И опять тот голос знакомый,
　　Будто эхо горного грома, –
　　　　Не последнее ль торжество!
Он сердца наполняет дрожью
　　И несется по бездорожью
　　　　Над страной, вскормившей его.
Сучья в иссиня-белом снеге . . .
　　Коридор Петровских Коллегий
　　　　Бесконечен, гулок и прям.
(Что угодно может случиться,
　　Но он будет упрямо сниться
　　　　Тем, кто нынче проходит там).
До смешного близка развязка:

Auf sprang das pelzgefütterte Cape!
  Sei mir nicht böse, mein Täubchen,
    Daß auch diesen Pokal ich berührt:
      Nicht dich, sondern mich richt ich hin.
Es rückt heran ohnehin die Vergeltung –
  Siehst du nicht dort hinterm Schleier des Schneesturms,
    Wie sich Meyerholds kleine Mohren
      Ausdenken neue, verrücktere Streiche?
Doch ringsum die alte Stadt Piter,
  Die den Leuten den Rücken zerschunden,
    (Wie das Volk damals so sagte), –
Im Schmuck der Mähnen und Pferdegeschirre,
  Der Mehlfuhren und der knalligen Rosen,
    Unter der Wolke der Krähen.
Doch es fliegt, mit gespieltem Lächeln,
  Über die Bühne des Mariinski-Theaters
    Die Primadonna – unfaßbarer Schwan, –
      Während ein Snob, der zu spät kam, bonmot.
Der Klang des Orchesters – wie aus dem Jenseits,
  (Ein Schatten von irgendwas huschte vorbei),
    Und ging nicht als Ahnung des kommenden Tages
      Durch alle Reihen ein Frösteln?
Und wieder jene vertraute Stimme, ein Echo
  Des Donners der Berge, die uns noch einmal
    Mit Stolz und Freude erfüllt.
Sie hat die Herzen erschüttert und fliegt
  Über die Weglosigkeiten
    Des Landes, das sie genährt.
Äste, bedeckt mit weißblauem Schnee . . .
  Der Korridor der Petrinschen Kollegien
    Gerade, hallend und endlos.
(Da kann sich ereignen, was will, aber er
  Wird jenen im Traum noch erscheinen,
    Die dort entlanggehn.)
Zum Lachen nah ist die Lösung:

Из-за ширм Петрушкина маска,
    Вкруг костров кучерская пляска,
        Над дворцом черно-желтый стяг . . .
Все уже на местах, кто надо,
    Пятым актом из Летнего Сада
        Пахнет . . . Призрак цусимского ада
            Тут же. – Пьяный поет моряк . . .
Как парадно звенят полозья,
    И волочится полость козья . . .
        Мимо, тени! – Он там один.
На стене его твердый профиль.
    Гавриил или Мефистофель
        Твой, красавица, паладин?
Демон сам с улыбкой Тамары,
    Но такие таятся чары
        В этом страшном дымном лице:
Плоть, почти что ставшая духом,
    И античный локон над ухом –
        Всё – таинственно в пришлеце.
Это он в переполненном зале
    Слал ту черную розу в бокале
        Или всё это было сном?
С мертвым сердцем и с мертвым взором
    Он ли встретился с Командором,
        В тот пробравшись проклятый дом?
И его поведано словом,
    Как вы были в пространстве новом,
        Как вне времени были вы, –
И в каких хрусталях полярных,
    И в каких сияньях янтарных
        Там, у устья Леты-Невы.
Ты сбежала сюда с портрета,
    И пустая рама до света
        На стене тебя будет ждать.

Petruschkas Maske hinter dem Schirm,
    Der Tanz der Kutscher rund um das Feuer,
        Und auf dem Palais das schwarz-gelbe Banner . . .
Schon sind die Akteure auf ihren Plätzen:
    Im Sommergarten riechts nach fünftem Akt.
        Zur Stelle ist das Gespenst
            Der Hölle Tsushimas. Es singt
                Ein betrunkner Matrose . . .
Ach wie paradehaft pfeifen die Kufen,
    Es schleift im Schnee die Ziegenhaardecke . . .
        Vorbei, ihr Schatten! – Er ist dort allein.
Da an der Wand sein strenges Profil.
    Ist Gabriel oder Mephisto
        Dein Paladin, Schöne?
Der Dämon selbst mit dem Lächeln Tamaras . . .
    Und doch liegt ein unbeschreiblicher Reiz
        Auf diesem schrecklich vagen Gesicht:
Fast schon zu Geist gewordenes Fleisch,
    Antikisch die Locke über dem Ohr –
        Ach, wie geheimnisvoll ist dieser Fremde.
Ist ers gewesen, der im randvollen Saal
    Im Pokal jene schwarze Rose geschickt,
        Oder war alles ein Traum?
War ers, der toten Herzens und Blicks
    In jenes verfluchte Haus eingedrungen
        Und dort begegnete dem Komtur?
Durch seine Worte ward es bekannt,
    Daß ihr in neuen Räumen gewesen
        Und außerhalb dieser Zeit, –
Geschmückt von polaren Kristallen
    Und im Bernsteinglanz, dort
        An der Mündung der Lethe-Newá.
Du bist gekommen hierher aus dem Bild,
    Der Rahmen, der leere, wird, bis es Tag wird,
        Warten auf dich an der Wand.

Так плясать тебе – без партнера!
　　Я же роль рокового хора
　　　На себя согласна принять.

　　　　На щеках твоих алые пятна;
　　　　Шла бы ты в полотно обратно;
　　　　Ведь сегодня такая ночь,
　　　　Когда нужно платить по счету . . .
　　　　А дурманящую дремоту
　　　　Мне трудней, чем смерть, превозмочь!

Ты в Россию пришла ниоткуда,
　　О мое белокурое чудо,
　　　Коломбина десятых годов!
Что глядишь ты так смутно и зорко,
Петербургская кукла, актерка,
　　Ты – один из моих двойников.
К прочим титулам надо и этот
　　Приписать. О, подруга поэтов,
　　　Я наследница славы твоей,
Здесь под музыку дивного мэтра,
　　Ленинградского дикого ветра,
　　　И в тени заповедного кедра
　　　　Вижу танец придворных костей . . .
Оплывают венчальные свечи,
　　Под фатой «поцелуйные плечи»,
　　　Храм гремит: «Голубица, гряди!»
Горы пармских фиалок в апреле –
　　И свиданье в Мальтийской Капелле
　　　Как проклятье в твоей груди.
Золотого ль века виденье
　　Или черное преступленье
　　　В грозном хаосе давних дней?
Мне ответь хоть теперь:
　　　　　　неужели

So mußt ohne Partner du tanzen! Ich bin bereit,
  Die Rolle zu übernehmen des
    Schicksalsverkündenden Chors.

> *Auf deinen Wangen die roten Flecken:*
> *Dorthin auf die Leinwand sollst du zurückgehn;*
> *Denn heute ist eine der Nächte,*
> *Wo man die Rechnung begleicht . . .*
> *Die Schläfrigkeit, die betäubende, aber*
> *Ist schwerer zu überwinden als Tod!*

Nach Rußland bist du gekommen
  Von nirgendwoher, o mein Wunder, du blondes,
    Colombine des zweiten Jahrzehnts.
Was blickst du verschleiert und wachsam,
  Petersburger Puppe, Schauspielerin,
    Doppelgängerin – zu all deinen Titeln
Füg auch noch diesen hinzu.
  Freundin der Dichter,
    Ich bin die Erbin des Rufs, den du hattest.
Hier zur Musik des phantastischen Meisters,
  Des Windes, des wilden, von Leningrad,
    Im Schatten der Zeder, die unter Schutz steht,
      Seh ich den Tanz der Skelette des Hofes . . .
Es rinnt an den Hochzeitskerzen das Wachs,
  Unter dem Brautschleier: Schultern zum Küssen,
    Das Gotteshaus dröhnt: »Komm, o Taube!« Und Berge
Von Parmaveilchen jetzt im April –
  Und wie ein Fluch in der Brust
    Das Stelldichein in der Maltheserkapelle.
Zeigt sich des goldenen Zeitalters Ahnung
  Oder das schwarze Verbrechen im
    Furchterregenden Chaos vergangener Tage?
So antworte jetzt:
                Sag, ist es möglich,

Ты когда-то жила в самом деле?
И топтала торцы площадей
Ослепительной ножкой своей?...

Дом пестрей комедьянтской фуры,
Облупившиеся амуры
Охраняют Венерин алтарь.
Певчих птиц не сажала в клетку,
Спальню ты убрала как беседку,
Деревенскую девку-соседку
Не узнает веселый скобарь.
В стенках лесенки скрыты витые,
А на стенках лазурных святые –
Полукрадено это добро...
Вся в цветах, как «Весна» Боттичелли,
Ты друзей принимала в постели,
И томился драгунский Пьеро, –
Всех влюбленных в тебя суеверней
Тот, с улыбкой жертвы вечерней,
Ты ему как стали – магнит,
Побледнев, он глядит сквозь слезы,
Как тебе протянули розы
И как враг его знаменит.
Твоего я не видела мужа,
Я, к стеклу приникавшая стужа...
Вот он, бой крепостных часов...
Ты не бойся – дома не мечу,
Выходи ко мне смело навстречу –
Гороскоп твой давно готов...

Daß du einst wirklich gelebt,
  Daß du das Holzpflaster tratst auf den Plätzen
    Mit deinen blendenden Beinen? . . .

Bunter als ein Gefährt Komödianten das Haus –
  Abgeblätterte Amouretten
    Bewachen der Venus Altar.
Singvögel hast du nicht in den Käfig gesperrt,
  Aber dein Schlafzimmer gleicht einer Laube,
    Und nicht erkennt der fröhliche Gerber aus Pskow
      Wieder die Nachbarstochter von dort.
Wendeltreppen, dem Auge verborgen,
  Auf azurblauen Wänden Heiligenbilder,
    Halbgestohlenes Gut . . .
Und über und über mit Blumen geschmückt,
  So wie im »Frühling« von Botticelli,
    Empfingst du deine Freunde im Bett,
      Es schmachtete der Dragonerpierrot, –
Von allen aber, die dich geliebt,
  Ist jener mit dem Lächeln des Opfers
    Der Abergläubischste: Du bist für ihn,
      Was dem Stahl der Magnet ist.
Bleich geworden und durch seine Tränen
  Sieht er die Rosen, die man dir bringt,
    Und wie berühmt sein Feind ist.
Nur deinen Mann, ihn sah ich nicht,
  Ich, Eiseskälte, ans Fenster gepreßt . . .
    Da ist die Glocke von Peter und Paul . . .
Fürchte dich nicht: Ich zink keine Häuser –
  Komm furchtlos heraus, komm mir entgegen:
    Dein Horoskop – es ist längst gestellt . . .

ГЛАВА ТРЕТЬЯ

И под аркой на Галерной...
А. Ахматова

В Петербурге мы сойдемся снова,
Словно солнце мы похоронили в нем.
О. Мандельштам

То был последний год...
М. Лозинский

Петербург 1913 года. Лирическое отступление: последнее воспоминание о Царском Селе. Ветер, не то вспоминая, не то пророчествуя – бормочет:

Были святки кострами согреты,
   И валились с мостов кареты,
     И весь траурный город плыл
По неведомому назначенью
   По Неве иль против теченья, –
     Только прочь от своих могил.
На Галерной чернела арка,
   В Летнем тонко пела флюгарка,
     И серебряный месяц ярко
       Над серебряным веком стыл.
Оттого, что по всем дорогам,
   Оттого, что ко всем порогам
     Приближалась медленно тень,
Ветер рвал со стены афиши,
   Дым плясал вприсядку на крыше
     И кладбищем пахла сирень.
И царицей Авдотьей заклятый,
   Достоевский и бесноватый,
     Город в свой уходил туман.
И выглядывал вновь из мрака
   Старый питерщик и гуляка,
     Как пред казнью бил барабан...

DRITTES KAPITEL

Petersburg im Jahre 1913. Lyrische Abschweifung: letzte Erin-
nerung an Zarskoje Selo. Der Wind murmelt, bald sich erin-
nernd, bald prophezeiend:

Die Rauhnächte waren von Feuern erwärmt,
   Es rollten die Kutschen dicht über die Brücken.
      Die in Trauer gekleidete Stadt
Schwamm mit unbekannter Bestimmung
   Die Newá hinab oder gegen den Strom, –
      Nur fort von den Gräbern.
Es dunkelte der Galernaja Bogen,
   Im Sommergarten die Wetterfahne
      Sang im Falsett, und der silberne Mond
         Fror hell überm Silber der Zeit.
Und weil sich auf allen Wegen
   Und bis zu allen Schwellen hin
      Zu langsam der Schatten genähert,
Riß der Wind von der Wand die Plakate,
   Tanzte der Wind auf dem Dach Kasatschok,
      Roch der Flieder nach Friedhof.
Und, verflucht von der Zarin Awdotja,
   Versank in ihrem Nebel die Stadt,
      Das dämonische Petersburg Dostojewskis.
Und aus der Finsternis sah
   Wieder der alte versoffene Piter,
      Wie vor der Hinrichtung schlug eine Trommel . . .

И всегда в духоте морозной,
  Предвоенной, блудной и грозной,
    Жил какой-то будущий гул.
Но тогда он был слышен глуше,
  Он почти не тревожил души
    И в сугробах невских тонул.
Словно в зеркале страшной ночи
  И беснуется и не хочет
    Узнавать себя человек,
А по набережной легендарной
  Приближался не календарный –
    Настоящий Двадцатый Век.

    А теперь бы домой скорее
    Камероновой Галереей
    В ледяной таинственный сад,
    Где безмолвствуют водопады,
    Где все девять мне будут рады,
    Как бывал ты когда-то рад.
    Там за островом, там за садом
    Разве мы не встретимся взглядом
    Наших прежних ясных очей,
    Разве ты мне не скажешь снова
    Победившее смерть слово
    И разгадку жизни моей?

ГЛАВА ЧЕТВЕРТАЯ И ПОСЛЕДНЯЯ

Любовь прошла, и стали ясны
и близки смертные черты.
                              Вс. К.

Угол Марсова Поля. Дом, построенный в начале 19 века бр.
Адамини. В него будет прямое попадание авиабомбы в
1942 г. Горит высокий костер. Слышны удары колоколь-
ного звона от Спаса на Крови. На Поле за метелью призрак

Und in der frostigen Schwüle des Vorkriegs,
  In der verbuhlten und drohenden, hörte
    Man immer ein künftiges Grollen.
Doch damals wars dumpfer zu hören,
  Obwohl: die Seelen hats kaum gestört,
    Es versank in den Schneewächten an der Newá.
Aber so wie ein Mensch im Spiegel der Nacht
  Wie ein Besessener tobt und sich nicht
    Wiedererkennt, näherte sich auf dem Kai,
      Dem legendären, das nicht reguläre –
        Das wirkliche neue Jahrhundert.

> *Jetzt möglichst nach Hause, schnell*
> *Durch die Cameron-Galerie*
> *In des eisigen Gartens Geheimnis,*
> *Dorthin, wo die Wasserfälle verstummten*
> *Und wo alle Neun mich erwarten,*
> *Froh, mich zu sehn, so wie du einst froh warst.*
> *Sollten sich dort nicht hinter der Insel,*
> *Im tiefen Garten die Blicke begegnen*
> *Unserer Augen, der einst ungetrübten,*
> *Weshalb solltest du mir nicht sagen*
> *Noch einmal das Wort, das besiegte den Tod,*
> *Das meines Lebens Rätsel gelöst?*

VIERTES UND LETZTES KAPITEL

> *Vergangen ist die Liebe, deutlich*
> *Sind jetzt des nahen Todes Züge.*
> W. K.

Ecke des Marsfelds. Das Haus, das zu Beginn des 19. Jahrhunderts von den Brüdern Adamini gebaut wurde. Es wird im Jahre 1942 einen Bombenvolltreffer erhalten. Ein hoher Holzstoß brennt. Man hört das Läuten der Glocke vom »Erlöser auf dem Blut«. Auf dem Marsfeld im Schneesturm die Gespenster-

Зимнедворского бала. В промежутке между этими звуками говорит сама Тишина:

Кто застыл у померкших окон,
    На чьем сердце «палевый локон»,
        У кого пред глазами тьма?
«Помогите, еще не поздно!
    Никогда ты такой морозной
        И чужою, ночь, не была!»
Ветер, полный балтийской соли,
    Бал метелей на Марсовом Поле,
        И невидимых звон копыт . . .
И безмерная в том тревога,
    Кому жить осталось немного,
        Кто лишь смерти просит у Бога
            И кто будет навек забыт.
Он за полночь под окнами бродит,
    На него беспощадно наводит
        Тусклый луч угловой фонарь, –
И дождался он. Стройная маска
    На обратном «пути из Дамаска»
        Возвратилась домой . . . не одна!
Кто-то с ней «без лица и названья» . . .
    Недвусмысленное расставанье
        Сквозь косое пламя костра
Он увидел – рухнули зданья,
    И в ответ обрывок рыданья:
        «Ты Голубка, солнце, сестра!
Я оставлю тебя живою,
    Но ты будешь моей вдовою,
        А теперь . . .
                        Прощаться пора!»
На площадке пахнет духами,
    И драгунский корнет со стихами
        И с бессмысленной смертью в груди

erscheinung eines Balls im Winterpalais. In einer Pause zwi-
schen diesen Geräuschen spricht die STILLE *selbst:*

Wer ist erstarrt am erloschenen Fenster,
  Auf wessen Herz liegt die »strohgelbe Locke«,
    Vor wessen Augen ist Nacht?
»So helft mir, noch ists nicht zu spät!
  Nie warst du so frostkalt,
    Nacht, und so fremd!«
Der Wind, voll des baltischen Salzes,
  Der Schneestürme Ball auf dem Marsfeld,
    Das Klappern unsichtbarer Hufe . . .
Und maßlos ist die Trauer in dem, der nur wenig
  Zu leben noch hat und der seinen Gott
    Um nichts weiter bittet als um den Tod
      Und den man für alle Zeiten vergißt.
Nach Mitternacht streift er umher
  Unter den Fenstern, und ohne Erbarmen
    Leuchtet auf ihn die Laterne. –
Er bekam, was er wollte. Die schlanke Maske,
  Sie kehrte von ihrem »Weg nach Damaskus«
    Nach Hause zurück.
Doch nicht allein, denn jemand ist bei ihr,
  »Namenlos, ohne Gesicht« . . . Welch einen
      Abschied
    Bekam er zu sehn durch die schrägen
Flammen des Feuers – und Welten zerbrachen.
  Die Antwort – ein Schluchzen:
    »Täubchen, du, Sonne und Schwester!
Ich lasse dich lebend zurück, aber du
  Wirst meine Witwe sein, jetzt aber, jetzt,
    Ists Zeit, voneinander Abschied zu nehmen!«
Es riecht nach Parfüm auf der Treppe,
  Der Dragonerkornett mit seinen Versen,
    Seinen sinnlosen Tod in der Brust,

Позвонит, если смелости хватит,
Он мгновенье последнее тратит,
Чтобы славить тебя.
Гляди:
Не в проклятых Мазурских болотах,
Не на синих Карпатских высотах . . .
Он – на твой порог!
Поперек.
Да простит тебя Бог!
(Сколько гибелей шло к поэту,
Глупый мальчик: он выбрал эту, –
Первых он не стерпел обид,
Он не знал, на каком пороге
Он стоит и какой дороги
Перед ним откроется вид . . .)

Это я – твоя старая совесть,
Разыскала сожженную повесть
И на край подоконника
В доме покойника
Положила –
и на цыпочках ушла . . .

ПОСЛЕСЛОВИЕ

Всё в порядке: лежит поэма
И, как свойственно ей, молчит.
Ну, а вдруг как вырвется тема,
Кулаком в окно застучит, –
И откликнется издалека
На призыв этот страшный звук –
Клокотанье, стон и клекот
И виденье скрещенных рук? . . .

Wird, wenn seine Kühnheit reicht, läuten
  Und seine letzten Minuten verschwenden,
    Um dich zu preisen.
                  Siehe: Er fiel
Nicht in den verfluchten Masurischen Sümpfen,
  Nicht auf den blauen Höhn der Karpaten,
    Sondern auf deiner Schwelle!
      Vergebe dir Gott!

      (Wieviel Tode suchten den Dichter,
      Dummer Junge: er wählte diesen –
      Denn er ertrug nicht das erstbeste Leid
      Und wußte nicht, auf welcher Schwelle
      Er fallen würde und welche Wege
      Sich ihm noch öffnen . . .)

Ich bin es, dein altes Gewissen,
  Das die verbrannte Erzählung gefunden
    Und das sie ins Haus des Toten gelegt hat
    Auf des Fensterbretts Rand –
    Und das auf Zehenspitzen
                      gegangen . . .

NACHWORT

Es ist alles in Ordnung: Schweigend
Liegt dort das Poem, wie es sich gehört.
Und doch: Wenn ein Thema plötzlich sich losreißt
Und, gegen das Fenster trommelnd, beschwört
Von fernher die Antwort, als sei
Alles ein Spiel nur schrecklicher Lust –
Ein Rasseln, ein Stöhnen, ein Adlerschrei,
Und die Arme gekreuzt auf der Brust? . . .

> *. . . я воды Леты пью,*
> *Мне доктором запрещена унылость.*
> *Пушкин*
>
> *In my beginning is my end.*
> *T. S. Eliot*

Место действия – Фонтанный Дом. Время – 5 января 1941. В окне призрак оснеженного клена. Только что пронеслась адская арлекинада тринадцатого года, разбудив безмолвие великой молчальницы – эпохи и оставив за собою тот свойственный каждому праздничному или похоронному шествию беспорядок – дым факелов, цветы на полу, навсегда потерянные священные сувениры . . .

В печной трубе воет ветер, и в этом вое можно угадать очень глубоко и очень умело спрятанные обрывки Реквиема.

О том, что мерещится в зеркалах, лучше не думать.

> *. . . жасминный куст,*
> *Где Данте шел и воздух пуст.*
> *Н. К.*

1

Мой редактор был недоволен,
Клялся мне, что занят и болен,
Засекретил свой телефон
И ворчал: «Там три темы сразу!
Дочитав последнюю фразу,
Не поймешь, кто в кого влюблен,

> *. . . ich trink der Lethe Wässer,*
> *Denn Trübsinn hat der Doktor mir verboten.*
>
> Puschkin
>
> *In my beginning is my end.*
>
> T. S. Eliot

Ort der Handlung – das Fontanny Dom. Zeit – der 5. Januar 1941. Vor dem Fenster das Phantom eines verschneiten Ahorns. Soeben ist die höllische Harlekinade des Jahres dreizehn vorübergeflogen; sie hat das Schweigen der großen Schweigerin-Epoche aufgestört und jene Unordnung hinterlassen, die jedem Festtags- und Trauerzuge eigen ist: Rauch der Fackeln, auf dem Boden verstreute Blumen, für immer verlorene heilige Andenken . . .
Im Schornstein heult der Wind, und in diesem Heulen kann man die sehr tief und sehr geschickt verborgenen Bruchstücke des REQUIEMS ahnen.
Was in den Spiegeln undeutlich zu erkennen ist – daran sollte man lieber nicht denken.

> *. . . und der Jasmin, wo leer*
> *Die Luft ist und wo Dante sich erging.*
>
> N. K.

1

Mein Redakteur war nicht zufrieden,
Er schwor, er sei krank und beschäftigt,
Und erklärt zur Geheimsache sein Telefon.
Er brummte: »Drei Themen auf einmal!
Und hat man das Ganze zu Ende gelesen,
Begreift man nicht, wer verliebt ist in wen,

2

Кто, когда и зачем встречался,
Кто погиб, и кто жив остался,
И кто автор, и кто герой, –
И к чему нам сегодня эти
Рассуждения о поэте
И каких-то призраков рой?»

3

Я ответила: «Там их трое –
Главный был наряжен верстою,
А другой как демон одет, –
Чтоб они столетьям достались,
Их стихи за них постарались,
Третий прожил лишь двадцать лет,

4

И мне жалко его.» И снова
Выпадало за словом слово,
Музыкальный ящик гремел,
И над тем флаконом надбитым
Языком кривым и сердитым
Яд неведомый пламенел.

5

А во сне всё казалось, что это
Я пишу для кого-то либретто,
И отбоя от музыки нет.
А ведь сон – это тоже вещица,
Soft embalmer, Синяя птица,
Эльсинорских террас парапет.

2

Wer, wann und weshalb sich begegnet,
Wer umkam und wer am Leben geblieben,
Und wer da der Autor, der Held, –
Und was solln uns heute diese Gedanken
Über den Dichter und irgendeinen
Gespenstischen Spuk?« –

3

Ich sagte: »Es sind ihrer drei dort – der erste
Verkleidet als Werstpfahl, ein andrer
Als Dämon – dafür, daß sie leben
Noch in Jahrhunderten, sorgten für sie
Die Verse, die sie geschrieben,
Der dritte hat nur zwanzig Jahre gelebt,

4

Und ich bedaure ihn.« – Wieder
Fiel Wort um Wort, und es dröhnte
Der Musikkasten stereotyp,
Mit schwerer und zorniger Zunge
Loderte über jener Phiole
Ein allen geheimes, ein Gift.

5

Im Traum aber hat es mir damals geschienen,
Als schriebe ich jemandem ein Libretto,
Es war kein Entrinnen vor der Musik.
Ein Traum aber – das will auch etwas heißen,
Soft embalmer und Blauer Vogel,
Terrassen-Brüstung von Helsingör.

6

И сама я была не рада,
Этой адской арлекинады
Издалека заслышав вой.
Всё надеялась я, что мимо
Белой залы, как хлопья дыма,
Пронесется сквозь сумрак хвой.

7

Не отбиться от рухляди пестрой,
Это старый чудит Калиостро –
Сам изящнейший сатана,
Кто над мертвым со мной не плачет,
Кто не знает, что совесть значит
И зачем существует она.

8

Карнавальной полночью римской
И не пахнет. Напев Херувимской
У закрытых церквей дрожит.
В дверь мою никто не стучится,
Только зеркало зеркалу снится,
Тишина тишину сторожит.

9-10

. . . .
. . . .
. . . .

6

Ich war nicht froh, daß mir aus der Ferne
Erklang in den Ohren
Der höllischen Harlekinade Geheul.
Ich hoffte, daß es wie Fetzen von Rauch
Durch die Finsternis flöge,
Vorüber am Weißen Saal.

7

Doch dem Plunder war nicht zu entrinnen,
Der alte Cagliostro schlägt seine Volten,
Ein Satan von raffiniertester Art,
Der nicht mit mir die Toten beweint,
Und der nicht weiß, was Gewissen bedeutet,
Und wozu es so etwas gibt.

8

Von römischer Karnevalsnacht keine Spur.
Und vor den geschlossenen Kirchen
Zittert des Cherubimlieds Melodie.
Es klopfte niemand an meine Türe,
Es sieht im Traum nur der Spiegel den Spiegel,
Die Stille die Stille bewacht.

9-10

. . . .
. . . .
. . . .

11

Я ль растаю в казенном гимне?
Не дари, не дари, не дари мне
Диадему с мертвого лба.
Скоро мне нужна будет лира,
Но Софокла уже, не Шекспира.
На пороге стоит – Судьба.

12

Но была для меня та тема
Как раздавленная хризантема
На полу, когда гроб несут.
Между «помнить» и «вспомнить», други,
Расстояние – как от Луги
До страны атласных баут.

13

Бес попутал в укладке рыться . . .
Ну, а как же могло случиться,
Что во всем виновата я?
Я – тишайшая, я – простая,
«Подорожник», «Белая стая» . . .
Оправдаться . . . но как, друзья?

14

Так и знай: обвинят в плагиате . . .
Разве я других виноватей?
Впрочем, это мне всё равно.
Я согласна на неудачу
И смущенье свое не прячу . . .
У шкатулки ж тройное дно.

11

Ich werd nicht in Hymnen, bestellten, zerschmelzen!
Nein, schenkt mir nicht, schenkt mir nicht einer
Toten Stirn Diadem.
Ich werd eine Lyra bald brauchen,
Doch die eines Sophokles, nicht eines Shakespeare.
Es steht an der Schwelle das SCHICKSAL!

12

Und es war für mich jenes Thema
Wie auf dem Boden die Chrysantheme,
Die man zertritt, wenn man fortträgt den Sarg.
Zwischen »Erinnerung« und »sich erinnern«,
O Freunde, ist größer der Abstand noch als
Von Luga bis zum Lande der Bauta.

13

Ritt mich der Teufel, in der Truhe zu kramen . . .
Na gut, aber wie konnte es nur geschehen,
Daß ich an allem trage die Schuld?
Bin doch die Stillste von allen, bin einfach,
»Wegerich« und »Weißer Vogelschwarm«, ja . . .
Aber sich rechtfertigen . . . wie, meine Freunde?

14

Man wird dich bezichtigen des Plagiats . . .
Bin ich denn mehr noch als andere schuldig?
Im übrigen ist mirs ganz gleich!
Ich nehm meine Mißerfolge in Kauf,
Verberge nicht, daß ich mich schäme . . .
Doch hat die Schatulle dreifachen Boden.

15

Но сознаюсь, что применила
Симпатические чернила...
Я зеркальным письмом пишу,
И другой мне дороги нету –
Чудом я набрела на эту
И расстаться с ней не спешу.

16

И тогда из грядущего века
Незнакомого человека
Пусть посмотрят дерзко глаза,
И он мне, отлетевшей тени,
Даст охапку мокрой сирени
В час, как эта минет гроза.

17

А столетняя чаровница
Вдруг очнулась и веселиться
Захотела. Я ни при чем.
Кружевной роняет платочек,
Томно жмурится из-за строчек
И брюлловским манит плечом.

18

Я пила её в капле каждой
И, бесовскою черной жаждой
Одержима, не знала, как
мне разделаться с бесноватой:
Я грозила ей Звездной Палатой
И гнала на родной чердак –

15

Doch ich bekenne, verwendet zu haben
Sympathetische Tinte . . . Ich schreibe
In Spiegelschrift, denn einen anderen Weg
Habe ich nicht – und wie durch ein Wunder
Stieß ich auf diesen und hab es nicht eilig,
Von ihm mich zu trennen.

16

Dann mögen aus einem Jahrhundert,
Das fern noch, die Augen des Fremden
Dreist schauen. Doch er
Wird mir dann, dem Schatten, der fortfliegt,
Vom feuchten Flieder die Arme voll geben,
Zur Stunde, da dieses Gewitter vorbeizieht.

17

Die jahrhundertealte Zauberin aber
Erwachte plötzlich, um fröhlich zu sein.
Ich wasch meine Hände in Unschuld!
Ihr Spitzentüchlein – sie läßt es fallen.
Und zwischen den Zeilen mit schmachtenden Augen
Und brjullowscher Schulter blickt sie hervor.

18

Ich hab sie getrunken mit jedem der Tropfen;
Besessen vom Dämon, vom schwarzen Verlangen,
Wußte ich nicht, wie man frei wird von ihr;
Und mit der Sternkammer gedroht
Hab ich der Rasenden und sie gescheucht
Wohin sie gehört: unters Dach –

19

В темноту, под Манфредовы ели,
И на берег, где мертвый Шелли,
Прямо в небо глядя, лежал, –
И все жаворонки всего мира
Разрывали бездну эфира,
И факел Георг держал.

20

Но она твердила упрямо:
«Я не та английская дама
И совсем не Клара Газуль,
Вовсе нет у меня родословной,
Кроме солнечной и баснословной,
И привел меня сам Июль.

21

А твоей двусмысленной славе,
Двадцать лет лежавшей в канаве,
Я еще не так послужу,
Мы с тобой еще попируем,
И я царским моим поцелуем
Злую полночь твою награжу.»

5. Januar 1941
Fontanny Dom
in Taschkent
und später

19

Ins Dunkel, unter die Fichten Manfreds,
Und an das Meer, wo, direkt in den Himmel
Blickend, Shelley, der tote, lag, –
Wo alle Lerchen der Welt des Äthers
Grundlose Tiefe zerrissen und wo
George hielt die Fackel.

20

Doch hartnäckig sagte sie immer wieder:
»Ich bin nicht jene englische Dame
Und schon gar nicht Clara Gazul,
Ich hab überhaupt keinen Stammbaum, und wenn,
Dann nur den der Sonne und den der Legende,
Und geboren hat mich der Juli.

21

Doch deinem Ruhm, der zwielichtig schimmert
Und der zwanzig Jahr in der Gosse gelegen,
Dem werd ich noch dienen – und wie!
Wir beide, wir werden Feste noch feiern,
Und mit meinem Kuß wie ein König will lohnen
Ich deiner Mitternacht böses Gesicht.«

Быть пусту месту сему . . .
?

Да пустыни немых площадей,
Где казнили людей до рассвета.
                                    Анненский

Люблю тебя, Петра творенье.
                                    Пушкин

Моему городу

Белая ночь 24 июня 1942 г. Город в развалинах. От Гавани до Смольного всё как на ладони. Кое-где догорают застарелые пожары. В Шереметевском саду цветут липы и поет соловей. Одно окно третьего этажа (перед которым увечный клен) выбито, и за ним зияет черная пустота. В стороне Кронштадта ухают тяжелые орудия. Но в общем тихо. Голос автора, находящегося за семь тысяч километров, произносит:

Так под кровлей Фонтанного Дома,
Где вечерняя бродит истома
С фонарем и связкой ключей, –
Я аукалась с дальним эхом,
Неуместным смущая смехом
Непробудную сонь вещей,
Где, свидетель всего на свете,
На закате и на рассвете
Смотрит в комнату старый клен
И, предвидя нашу разлуку,
Мне иссохшую черную руку,
Как за помощью, тянет он.
Но земля под ногой гудела,
И такая звезда глядела
В мой еще не брошенный дом
И ждала условного звука . . .

170

> *Dieser Ort soll wüst und leer sein . . .*
>
> *?*
>
> *Und die Wüsten der Plätze, der stummen,*
> *Wo man Menschen gehängt noch vorm Morgen.*
> *Annenski*
>
> *Ich liebe dich, du Schöpfung Peters.*
> *Puschkin*
>
> *Für meine Stadt*

Weiße Nacht des 24. Juni 1942. Die Stadt liegt in Trümmern.
Vom Hafen bis zum Smolny ist alles überschaubar wie auf
einer Handfläche. Hier und da schwelen noch alte Brände. Im
Scheremetjewschen Garten blühen die Linden und singt eine
Nachtigall. Ein Fenster des zweiten Stocks – vor dem der ver-
stümmelte Ahorn steht – ist eingeschlagen, dahinter gähnt
schwarze Leere. In Richtung Kronstadt wummern schwere
Geschütze. Doch im großen und ganzen ist es still. Die Stimme
des Autors, der siebentausend Kilometer von hier entfernt ist,
spricht:

Ich hab unterm Dach des Springbrunnenhauses,
Dort wo mit Schlüsselbund und Laterne
Die abendliche Ermattung umhergeht,
Mit dem fernen Echo Zeichen gewechselt,
Durch unangebrachtes Gelächter
Störend der Dinge ewigen Schlaf,
Wo, als Zeuge von dem, was passierte,
Im Abendrot und im Grauen des Morgens
Der alte Ahorn ins Zimmer mir blickt,
Und, unsere Trennung schon ahnend,
Mir seine schwarze, vertrocknete Hand,
Als suche er Hilfe, entgegenstreckt.
Doch unter den Füßen die Erde
Erdröhnte, der Stern sah herab
Auf mein noch nicht verlassenes Haus,

171

Это где-то там – у Тобрука,
Это где-то здесь – за углом.
(Ты, не первый и не последний
Темный слушатель светлых бредней,
Мне какую готовишь месть?
Ты не выпьешь, только пригубишь
Эту горечь из самой глуби –
Этой нашей разлуки весть.
Не клади мне руку на темя –
Пусть навек остановится время
На тобою данных часах.
Нас несчастие не минует,
И кукушка не закукует
В опаленных наших лесах . . .)

А за проволокой колючей,
В самом сердце тайги дремучей –
Я не знаю, который год –
Ставший горстью лагерной пыли,
Ставший сказкой из страшной были,
Мой двойник на допрос идёт.
А потом он идёт с допроса,
Двум посланцам девки безносой
Суждено охранять его.
И я слышу даже отсюда –
Неужели это не чудо! –
Звуки голоса своего:
За тебя я заплатила

        Чистоганом,
Ровно десять лет ходила

           Под наганом,
Ни налево, ни направо

            Не глядела,
А за мной худая слава

        Шелестела.

Wartend auf das vereinbarte Zeichen . . .
Irgendwo dort in der Nähe von Tobruk,
Vielleicht um die Ecke, irgendwo hier.
(Und du, nicht der erste und nicht der letzte
Finstere Zuhörer lichter Delirien,
Sag, welche Rache bereitest du vor?
Nicht austrinken, sondern nur nippen
Wirst an der Bitternis du tiefster Tiefe –
Dieser Kunde von unserer Trennung.
Die Hand leg mir nicht auf den Scheitel –
Es soll auf der Uhr, die du mir gegeben,
Für alle Zeiten die Zeit nicht vergehn.
Das Unglück, es geht nicht vorüber,
Der Kuckuck wird nicht zu rufen beginnen
In unserem Wald, dem verbrannten.)

Und hinter dem Stacheldraht aber,
Im Herzen der tiefsten Taigá, –
Ich weiß nicht, das wievielte Jahr schon –
Zerfallen zu Lagerstaub, geht,
Wie eine Legende des Schreckens,
Mein Doppelgänger dort zum Verhör.
Dann kommt er zurück. Zwei Boten
Des Weibs ohne Nase obliegt es,
Ihn zu beschützen. Ich höre sogar
Von hier aus – und das ist kein Wunder! –
Die Laute meiner Stimme:
Ich war es, die für dich gezahlt hat
                              mit Zaster,
Zehn Jahr lang, bewacht vom Nagant,
                              vegetiert ich dahin,
Ich sah nicht nach links und nach rechts.
                        Doch hinter mir
Erklang der Verleumdung
                  Geraschel.

А не ставший моей могилой,
Ты, крамольный, опальный, милый,
Побледнел, помертвел, затих.
Разлучение наше мнимо:
Я с тобою неразлучима,
Тень моя на стенах твоих,
Отраженье мое в каналах,
Звук шагов в Эрмитажных залах,
Где со мною мой друг бродил,
И на старом Волковом Поле,
Где могу я рыдать на воле
Над безмолвием братских могил.
Всё, что сказано в Первой Части
О любви, измене и страсти,
Сбросил с крыльев свободный стих,
И стоит мой Город «зашитый» . . .
Тяжелы надгробные плиты
На бессонных очах твоих.
Мне казалось, за мной ты гнался,
Ты, что там погибать остался
В блеске шпилей, в отблеске вод.
Не дождался желанных вестниц . . .
Над тобой – лишь твоих прелестниц
Белых ноченек хоровод.
А веселое слово – дóма –
Никому теперь не знакомо,
Все в чужое глядят окно.
Кто в Ташкенте, а кто в Нью-Йорке,
И изгнания воздух горький –
Как отравленное вино.
Все вы мной любоваться могли бы,
Когда в брюхе летучей рыбы
Я от злой погони спаслась
И над полным врагами лесом,

Du, die du mein Grab nicht geworden,
Rebellisch, geächtet, lieb meinem Herzen,
Erbleicht, erstarrt und verstummt.
Doch unsere Trennung ist nur eine Täuschung:
Wir beide sind unzertrennlich, mein Schatten
Liegt auf deinen Mauern, mein Bild,
Es spiegelt sich in deinen Kanälen,
Und in den Sälen der Ermitage
Gehn meine Schritte und die meines Freundes,
Und auf dem alten Wolkowo-Friedhof,
Dort, wo ich ungehemmt schluchze,
Über den schweigenden Gräbern der Brüder.
Und was da gesagt wurde im ersten Teil
Von Liebe, Untreue, Leidenschaft,
Warf von seinen Flügeln der freie Vers,
Es steht meine Stadt mit Brettern vernagelt . . .
Und schwer sind die Grabplatten
Auf deinen schlaflosen Augen.
Es schien mir, daß du mir nachjagtest, du,
Die du bliebst, um zugrunde zu gehen
Im Schein der Gewässer, der Turmspitzen Glanz.
Vergeblich hast du erwartet
Die Botschafterinnen . . . Über dir nur
Den Reigen der weißen Nächte, der schönen.
»Zuhause« – dies fröhliche Wort aber kennt
Jetzt keiner, denn es sehen alle
Zu fremden Fenstern hinaus: in Taschkent
Der eine, und in New York
Ein andrer, und der Verbannung
Bittere Luft gleicht vergiftetem Wein.
Mein Anblick hätte euch alle erfreut,
Als ich im Bauch des fliegenden Fisches
Mich rettete vor der schlimmen Verfolgung,
Und über dem Wald, wimmelnd von Feinden,

Словно та, одержимая бесом,
Как на Брокен ночной неслась.

И уже предо мною прямо
Леденела и стыла Кама,
И «Quo vadis?» кто-то сказал,
Но не дал шевельнуть устами,
Как тоннелями и мостами
Загремел сумасшедший Урал.
И открылась мне та дорога,
По которой ушло так много,
По которой сына везли,
И был долог путь погребальный
Средь торжественной и хрустальной
Тишины Сибирской Земли.
От того, что сделалось прахом,
Обуянная смертным страхом
И отмщения зная срок,
Опустивши глаза сухие
И ломая руки, Россия
Предо мною шла на восток.

Beendet in Taschkent
am 18. August 1942

Jener vom Teufel Besessenen gleich,
Dahinraste wie auf den nächtlichen Brocken . . .

Und es gefror in der Kälte
Auf dem Weg vor mir die Kama,
Und jemand sagte »Quo vadis?«,
Doch er konnte die Lippen nicht regen,
Als mit seinen Tunneln und Brücken
Zu donnern begann der verrückte Ural.
Und es öffnete sich mir der Weg,
Auf dem man vor mir gegangen
Und der meinen Sohn transportiert.
Lang war der Begräbnisweg, endlos,
Ein feierliches, kristallenes Schweigen
Fesselte rings das SIBIRISCHE LAND.
Fort von dem, was zu Staub ward,
Marschierte, gepackt von tödlicher Furcht,
Wissend um die Frist der Vergeltung,
Die tränenlosen Augen gesenkt –
Vor mir her nach Osten, das
Die Hände ringende Rußland.

7 BIN DEM DICHTER
Aus dem Gedichtband »Rosenkranz« (Četki), Petersburg 1914.
Die Begegnung mit Blok beschreibt A. in ihren »Erinnerungen
an Alexander Blok«, Leipzig 1979, dt. in: A. Achmatowa,
»Poem ohne Held«, S. 213-216.

9 DER SCHWARZE GARTENWEG
Erstveröffentlichung in: Giperborej 1913.IX-X., dann in dem
Gedichtband »Weißer Schwarm« (Belaja staja), der, 1917
publiziert, in vier Teile untergliedert, 83 Gedichte enthielt, die
teilweise schon früher in Zeitschriften erschienen waren.

11 NAH AM MEER
Auszug aus dem 1915 in der Zeitschrift Apollon, 1921 in Buch-
form veröffentlichten Poem. A. evoziert darin die Sommer, die
sie 1896-1903 auf der Krim, in der Nähe des antiken Chersones,
verbracht hat.

13 DIE MUSE GING WEITER
Erstveröffentlichung in: Al'manach muz 1916 und in »Weißer
Schwarm«.

15 EINUNDZWANZIGSTER
Erstveröffentlichung in dem Gedichtband: »Weißer Schwarm«.

17 MIT DEM MORGENGRAUN
Erstveröffentlichung in: Volja naroda vom 28. 4. 1918 und in:
»Wegerich« (Podorožnik), Petrograd 1921, dem schmalsten
ihrer sieben Gedichtbände, in dem sie in der 1. Auflage 38
Gedichte aus den Jahren 1917-1919 veröffentlichte.

19 DAS IST EINFACH
Erstveröffentlichung in: Petrogradskoe écho vom 22. 1. 1918
und in: »Wegerich«.

21 UND EINE STIMME
Erstveröffentlichung in: »Wegerich«.

23 NACHTS
Erstveröffentlichung in: »Wegerich«.

25 NEIN, NICHT MIT DENEN
Erstveröffentlichung in: »Anno Domini MCMXXI«; die 1.
Auflage erschien 1922 in Petrograd und setzte sich aus drei
Teilen zusammen, der erste überschrieben mit dem Titel des

Gedichtbandes enthielt 14 Gedichte, der zweite »Stimme des Gedächtnisses« 15 und der dritte Teil stimmte weitgehend mit dem Gedichtband »Wegerich« überein.

27 EIN NIEDAGEWESENER HERBST
Erstveröffentlichung in: Al'manach, Literaturnaja mysl', vyp. 1, Petrograd 1922.

29 DIE EINEN SPIEGELN SICH
Erstveröffentlichung in: Leningrad 1940. 2. Ursprünglich mit der Widmung »N.W.N. zum Gedenken«. Gemeint ist der Dichter und Kritiker Nikolai W. Nedobrowo (1884-1919), ein Freund A.s.
Caprice: Die Große Caprice war ein Torbogen mit darüberliegendem Pavillon aus der Zeit Katharinas II. auf einem künstlich angelegten Berg in Zarskoje Selo, 1786 von Quarenghi erneuert.

31 DER DICHTER
Erstveröffentlichung in: Zvezda 1940.3-4. Mit der Überschrift »Boris Pasternak«.

33 WORONESH
Erstveröffentlichung in: Leningrad 1940.2. Ohne die vier Schlußverse. Ossip Mandelstam (1891-1938) gewidmet. Die Dichter gehörten 1911-1914 beide zur »Dichtergilde« (Cech poëtov), einer Vereinigung der russischen Akmeisten. Als Mandelstam 1934 erstmals verhaftet wurde, setzten sich vor allem Nadeshda Mandelstam, A. und Pasternak für ihn ein. A. besuchte die Mandelstams im Februar 1936 am Verbannungsort Woronesh. 1938 wurde Mandelstam erneut verhaftet und anschließend deportiert. Er starb im Dezember desselben Jahres unter ungeklärten Umständen.

35 BESCHWÖRUNG
Erstveröffentlichung in »Der Lauf der Zeit« (Beg vremeni), Moskau–Leningrad 1965. Gemeint ist Nikolai Gumiljow (1886-1921), A.s erster Mann, der am 15. 4. 1936 seinen fünfzigsten Geburtstag gefeiert hätte.

37 ICH VERBARG MEIN HERZ
Erstveröffentlichung in: Leningrad 1940.2.
Scheremetjews Linden: die Linden im Garten des Scheremetjew-Palais an der Fontanka, des Fontanny Dom, wo A. mit

180

Unterbrechungen von 1919 bis 1952 lebte und 1926 in die Wohnung des Kunsthistorikers Nikolai Punin zog, mit dem sie von 1923 bis 1938 liiert war.

39 UND ES FIEL EIN WORT AUS STEIN
Erstveröffentlichung in: Zvezda 1940.3-4.
Gehört als Kapitel 7 (»Das Urteil«) zum Poem »Requiem« (1935-1940), das in der Sowjetunion vollständig erst 1987 in den Zeitschriften Oktjabr' und Neva erscheinen konnte.

41 KLEOPATRA
Erstveröffentlichung in: Literaturnyj sovremennik 1940.5-6. Ohne Epigraph. In der Sammlung »Aus sechs Büchern«, Moskau 1940, mit zwei Epigraphen: aus Shakespeares »Antonius und Kleopatra« (»I am air and fire«) und aus Puschkins Gedicht »Kleopatra«. – Der römische Kaiser Augustus wollte nach seinem Sieg über Antonius Kleopatra und ihre Kinder aus Ägypten nach Rom bringen und im Triumphzug als Gefangene vorführen; Kleopatra beging Selbstmord.

43 DIE WEIDE
Erstveröffentlichung in: Zvezda 1940.3-4. Ohne Überschrift. Das Epigraph stammt aus Puschkins Gedicht »Zarskoje Selo« (1823). *Die Nessel liebte ich und die wilden Kletten*: Kindheit und Jugend verbrachte A. in Zarskoje Selo. Hinter dem Haus wuchs im Sommer üppiges Unkraut. Vgl. auch die Gedichte »Was soll mir der Oden endloses Heer« (1940 S. 89) und »Ode an Zarskoje Selo« (1961).

45 MAJAKOWSKI IM JAHR 1913
Erstveröffentlichung in: Zvezda 1940.3-4. Geschrieben zu Wladimir Majakowskis zehntem Todestag am 14. 4. 1940. A. lernte Majakowski Anfang Dezember 1913 kennen.

47 WENN EIN MENSCH STIRBT
Erstveröffentlichung in: Zvezda 1940.3-4.

49 IM JAHR VIERZIG:
Der 1940 entstandene Zyklus enthält insgesamt 5 Gedichte und wurde in verschiedenen Sammlungen, u. a. in: »Das Siebte Buch«, publiziert.

49 *Wird eine Epoche beerdigt*
Erstveröffentlichung in: Leningrad 1946.1-2. Am 22. 6. 1940 kapitulierte Frankreich vor Hitlerdeutschland, am 10. 7. 1940

ging mit der Selbstauflösung des Parlaments in Vichy die Dritte Republik zu Ende.

49 *Für die Londoner*
Erstveröffentlichung in: »Ausgewählte Gedichte«, Taschkent 1943. Anspielung auf die Luftkämpfe zwischen Großbritannien und Deutschland im Sommer 1940. In der Sammlung »Ungerade« (1940-1961) mit dem Epigraph: »Und es erhob sich ein Streit im Himmel«, Offenbarung Johannis 12,7.

51 *Der Schatten*
Erstveröffentlichung in: Literaturnaja gazeta vom 29. 10. 1960. Ohne Epigraph. Das Epigraph ist ein Zitat aus einer Frühfassung von Mandelstams Gedicht »Strohhalm« (1916). Solominka (Strohhalm) war der Kosename von Salomeja Andronikowa-Galpern, einer Freundin von A., die vor der Revolution einen Salon führte. Die Heldin des Gedichts wird in Erinnerung gerufen durch den Namen einer Flaubert-Figur (Salome in »Hérodias«) sowie durch Anspielungen auf das Gedicht »Schlaflosigkeit. Homer. Die Segel« von Ossip Mandelstam.

53 LENINGRAD IM MÄRZ 1941
Erstveröffentlichung in: »Ausgewählte Gedichte«, Taschkent 1943. Ohne Überschrift.
Cadran Solaire: Sonnenuhr am Gebäude des ehemaligen Ersten Kadettenkorps, neben dem eigentlichen Menschikow-Palais.

55 ZYKLUS KRIEGSWIND:
Von A. mehrmals umkonzipiert und in verschiedene Sammlungen integriert, wo er bis zu zwölf Gedichte umfaßt. Die vorliegende Auswahl folgt der Ausgabe »Gedichte 1909-1960«, Moskau 1961.

55 *Vögel des Todes*
Erstveröffentlichung in: »Gedichte 1909-1960«, Moskau 1961.

55 *Tapferkeit*
Erstveröffentlichung in: Pravda vom 8. 3. 1942

57 *Und ihr, Freunde*
Erstveröffentlichung in: Znamja 1945.4

57 *Lässig Adieu*
Erstveröffentlichung in: »Der Lauf der Zeit«, Moskau–Leningrad 1965.

59 IN BÜCHERN ABER
Erstveröffentlichung in: Znamja 1964.10. Mit der Überschrift
»Ballade«. Korrespondiert mit den späteren epischen Gedich-
ten autobiographischen Charakters »Auf dem Smolenka-
Friedhof«, »Nördliche Elegien« und mit dem gleichzeitig ent-
standenen Zyklus »Berufsgeheimnisse«.

61 ES SIND DEINE LUCHSAUGEN, ASIEN
Erstveröffentlichung in: Novyj mir 1965.1. Seit 1945 erschienen in
den Zeitschriften Zvezda und Leningrad Gedichte, die A. als
»Taschkenter Skizzen«, »Aus dem Zyklus ›Taschkenter Blätter‹«
oder später »Aus dem Taschkenter Heft« bezeichnete.
Termes: Stadt an der sowjetischen Grenze zu Afghanistan.

63 CINQUE
Erstveröffentlichung in: Leningrad 1946.3-4. Mit der Über-
schrift »Fünf Gedichte aus dem Zyklus ›Liebe‹« und mit einem
Epigraph aus Innokenti Annenskis »Fünf Rosen, mit dem Stiel
verlobt«. Das Baudelaire-Epigraph stammt aus »Une Martyre«.
– A. evoziert hier ihre Gespräche und Begegnungen mit Isaiah
Berlin (vgl. Nachwort).

69 DREI GEDICHTE:
Zyklus, der Alexander Blok gewidmet ist.

69 *Zeit nun die Kamelschreie zu vergessen*
Erstveröffentlichung in: »Gedichte«, Moskau 1958. Mit der
Überschrift »Fragment einer Freundschaftsepistel« und mit
einer Widmung an N. I. Ignatowa.
Shukowskistraße: Straße in Taschkent, wo A. mit Michail Bulga-
kows Frau Jelena Sergejewna Bulgakowa im »Weißen Haus«
wohnte. – *Chaussee nach Rogatschow*: diese verlief unweit von
Schachmatowo, dem ehemaligen Landgut der Familie Alexan-
der Bloks, im Norden von Moskau.

69 *Und suchtest im dunklen Gedächtnis*
Erstveröffentlichung in: Literaturnaja gazeta vom 29. 10. 1960.

71 *Und er hat recht*
Erstveröffentlichung in: »Gedichte«, Moskau 1958. Mit der
Überschrift »Alexander Blok zum Gedenken«. Das Gedicht
spielt auf Bloks »Nacht, Straße, Laterne, Apotheke« (1912) an,
der Vers »Wie er dem Puschkin-Haus am Ufer / Lebewohl
zuwinkte« auf Bloks Gedicht »Dem Puschkin-Haus« (1921).

73 Nördliche Elegien:
Erstveröffentlichung in: »Der Lauf der Zeit«, Moskau–Leningrad 1965. Über die Entstehungsgeschichte schreibt A. in den Entwürfen zum »Vorwort«: »Kurz nach Kriegsende schrieb ich zwei lange Gedichte in Blankversen und taufte sie ›Leningrader Elegien‹. Später fügte ich ihnen noch zwei Gedichte hinzu (›Das Rußland Dostojewskis‹, 1940-1942, und ›Erschreckend wars, in jenem Haus zu wohnen‹, 1921) und gab ihnen neue Überschriften – ›Vorgeschichte‹ und ›Erste Leningrader‹ [Elegie]. Die übrigen – ich hatte sieben vorgesehen – lebten in mir in unterschiedlichen Stadien der Entwicklung, vor allem eine (›Die Siebte oder die Letzte Leningrader Elegie‹) war zu Ende konzipiert, doch wie immer war etwas aufgeschrieben, etwas verloren, etwas vergessen, etwas memoriert, als mir plötzlich klar wurde, daß ich sie wegen ihrer Einmütigkeit liebgewonnen hatte, wegen ihrer vollen Bereitschaft, mich zu was auch immer zu verurteilen.«

73 *Die erste. Vorgeschichte*
Erstveröffentlichung in: Leningradskij al'manach, Leningrad 1945. Das Epigraph ist ein ungenaues Zitat aus Puschkins Verspoem »Das Häuschen in Kolomna«.
Gorochowaja: heute Dsershinski-Straße in Leningrad. – *Snamenje*: heute Platz des Aufstands. – *Smolny*: hier die Gegend des ehemaligen Smolny-Klosters. – *Litejny*: Litejny-Prospekt, wichtige Querstraße zum Newski-Prospekt. – *Staraja Russa*: ehemaliges Sol- und Moorbad in der Nähe von Nowgorod, wo Dostojewski in den 1870er Jahren lebte. – *Optina*: Optina pustyn, im 14. Jahrhundert gegründetes Kloster, das wegen seiner strenggläubigen und weisen Mönche im 19. Jahrhundert wieder zum Pilgerort wurde; 1878 suchte Dostojewski mit dem Philosophen Wladimir Solowjow den Starzen Amwrossi auf, der dann den Prototyp für den Starez Sossima in den »Brüdern Karamasow« abgab. – *Baden*: gemeint ist Baden-Baden, wo auch Dostojewski öfters Roulette spielte. – *Eine Frau ... mit seltsam fremdem Namen*: Inna Erasmowna Gorenko, geb. Stogowa (1852-1930), A.s Mutter. – *Omsker Sträfling*: F. M. Dostojewski. – *Semjonowplatz*: hier mußten sich Dostojewski und seine Freunde aus dem Petraschewski-Kreis, nachdem sie

wegen sogenannter illegaler Aktivitäten verurteilt worden waren, am 22. 12. 1849 zur Erschießung aufstellen, wurden jedoch im letzten Augenblick begnadigt.

77 *Die zweite*
Erstveröffentlichung in: Zvezda 1946.1. Mit der Überschrift »Eine Art Monolog«.
Nenn mich Meereszarin: Anspielung auf M. Lermontows Gedicht »Des Meereskönigs Kind«. – *Ihr fünfzehn Jahre*: gemeint sind die Jahre 1923 bis 1938, in denen A. mit Nikolai Punin zusammenlebte.

79 *Die dritte*
Erstveröffentlichung in: Literaturnaja Rossija vom 24. 1. 1964. Mit der Überschrift »Aus den Leningrader Elegien«, ohne die Verse 14-20.
Nur eine Stadt: Leningrad.

81 *Die vierte*
Erstveröffentlichung in: Den' poëzii, Moskau 1956. Ohne Überschrift.

83 *Die fünfte* (Über das zweite Jahrzehnt)
Erstveröffentlichung in: Novyj mir 1969.5.
Proserpina: Demeters Tochter, die von Pluton geraubt wurde, als sie mit ihren Freundinnen einen Frühlingsreigen tanzte. Ein Drittel des Jahres weilt sie in der Unterwelt, die übrige Zeit bei ihrer Mutter.

85 *Die sechste:* Erschreckend wars, in jenem Haus zu wohnen.
Erstveröffentlichung in: Den' poëzii, Moskau 1973. Mit der Überschrift »Aus Leningrader Elegien«.
In jenem Haus: das Haus in Zarskoje Selo, wo A. bis 1914 mit Nikolai Gumiljow lebte, obwohl sie sich bereits 1912, kurz nach der Geburt ihres Sohnes, getrennt hatten. – *Meines Kindes Wiege*: Lew Gumiljow wurde am 1. 10. 1912 geboren. – *Nun lebst du dort*: Nikolai Gumiljow wurde im August 1921 wegen angeblicher Beteiligung an einer monarchistischen Verschwörung erschossen.

89 Zyklus Berufsgeheimnisse:
Erstveröffentlichung in: »Gedichte und Poeme«, Leningrad 1977. Seit etwa 1960 erwog A. diesen Zyklus von Gedichten über die »Geheimnisse« des Handwerks; es liegen mehrere

Varianten für Anzahl und Folge der Gedichte vor, die umfangreichste umfaßt zehn.

89 *Das Gedicht*
Erstveröffentlichung in: »Aus sechs Büchern«. Gedichte, Leningrad 1940. Ohne Überschrift.

89 *Was soll mir der Oden endloses Heer*
Erstveröffentlichung in: Zvezda 1940.3-4.

91 *Die Muse*
Erstveröffentlichung in: Literaturnaja gazeta vom 29. 10. 1960.

91 *Der Dichter*
Erstveröffentlichung in: Novyj mir 1960.1.

93 *Der Leser*
Erstveröffentlichung in: Naš sovremennik 1966.3.

95 *Epigramm*
Erstveröffentlichung in: Literaturnaja gazeta vom 29. 10. 1960.

97 *O wie gewürzt*
Erstveröffentlichung in: »Gedichte 1909-1960«, Moskau 1961. Ohne Widmung. – Der Reigen der Eurydiken erinnert möglicherweise an Wsewolod Meyerholds Inszenierung (1911) von Glucks Oper »Orpheus und Eurydike« (1762) im Mariinski-Theater und an W. A. Serows berühmtes Bild »Eurydikens Raub« (1910).

97 HEIMATERDE
Erstveröffentlichung in: Novyj mir 1963.1. Epigraph aus A.s Gedicht »Nein, nicht mit denen bin ich« (1922). – Vgl. das frühe Gedicht »Die Stimme war« (1917), in dem A. beschreibt, wie sie der Verlockung widersteht, Rußland zu verlassen.

99 GOLD ROSTET
Erstveröffentlichung in: Novyj mir 1963.1.

101 AN DIE VERSE
Erstveröffentlichung in: »Der Lauf der Zeit«, Moskau–Leningrad 1965.

103 ZYKLUS MITTERNACHTSGEDICHTE:
Erstveröffentlichung in: Den' poėzii, Moskau 1964. Vervollständigte Version – 7 Gedichte sowie »Statt einer Widmung« und »Statt eines Nachworts« – in: »Der Lauf der Zeit«, Moskau–Leningrad 1965.

103 *Statt einer Widmung*
   Erstveröffentlichung in: Literaturnaja gazeta vom 5. 10. 1963.
103 *Vorfrühlingselegie*
   Erstveröffentlichung in: Literaturnaja gazeta vom 5. 10. 1963.
   Epigraph aus Gérard de Nervals Sonett »El Desdichado«.
103 *Und letztes*
   Erstveröffentlichung in: Literaturnaja gazeta vom 5. 10. 1963.
105 *Statt eines Nachworts*
   Erstveröffentlichung in: »Der Lauf der Zeit«, Moskau–Leningrad 1965.
107 DEN WEG ALLER WELT
   Erste vollständige Veröffentlichung in: »Der Lauf der Zeit«,
   Moskau–Leningrad 1965. Das Epigraph ist eine Verbindung
   des biblischen »Ich gehe den Weg aller Welt« (1. Könige 2,2)
   und des Ausdrucks »im Schlitten sitzend« aus der »Belehrung
   des Wladimir Monomach«. Der Ausdruck steht sinnbildlich
   für eine schwere Krankheit.
   Kitesh: Stadt, die – der Legende nach – beim Überfall Batu-
   Chans auf die russischen Fürstentümer (1237-1240) auf wun-
   dersame Weise vor den Tataren errettet wurde, sie sank auf
   den Grund des Swetlojar-Sees. Im Poem identifiziert sich das
   lyrische Subjekt mit der »Kiteshanerin« Fewronija aus Rimski-
   Korsakows Oper »Legende von der unsichtbaren Stadt
   Kitesh« (1907). – *Krim*: A. evoziert ihren Aufenthalt im Jahre
   1916 sowie die Sommer, die sie mit ihrer Mutter und ihren
   Geschwistern in Jewpatorija bei Sewastopol, in der Nähe des
   antiken Chersones (s. o.), verbracht hat. – *Tsushima*: Insel
   Tsushima, wo das Zweite Russische Pazifische Geschwader
   1905 von den Japanern besiegt wurde. Der Kreuzer »Warjag«
   und das Kanonenboot »Korejez« unterlagen am 27. 5. 1904 im
   Kampf mit den Japanern. – *Fort Chabrol*: ironische Bezeich-
   nung des Hauses an der Rue Chabrol in Paris, wo sich im
   Herbst 1899 die Gegner des der Spionage angeklagten franzö-
   sischen Generalstabsoffiziers Alfred Dreyfus verbarrikadier-
   ten, um gegen dessen Begnadigung zu protestieren. Im
   Gedichtkontext ist aber wohl ein Fort aus der Zeit des Buren-
   kriegs (1899-1902) gemeint.

117 Poem ohne Held

Das Poem ist in zahlreichen Varianten überliefert. Vorliegende Fassung folgt der Ausgabe »Gedichte und Poeme«, Leningrad 1977.

119 *Statt eines Vorworts*

Epigraph aus Alexander Puschkins Versroman »Eugen Onegin« VIII,51 (1825-1830).

121 *Widmung*

Erstveröffentlichung in: »Der Lauf der Zeit«, Moskau–Leningrad 1965.

Das Datum des 27. 12. 1940 bezeichnet den zweiten Jahrestag des Todes von Ossip Mandelstam. – In mehreren autorisierten Abschriften findet sich die Widmung »Für Ws. K.«, d.i. Wsewolod Knjasew. Der Dichter und Dragonerkornett, der sich 1913 in Riga das Leben nahm, erscheint im ersten Teil des Poems als Pierrot, der sich auf Colombines Hausschwelle erschießt. Obwohl als Prototyp für Colombine die Schauspielerin Olga Glebowa-Sudejkina, eine Freundin der A., diente, ist nicht erwiesen, daß Knjasews Selbstmord mit seiner unerwiderten Liebe zur Sudejkina zusammenhing.

Manuskript: Möglicherweise Knjasews postum erschienener Gedichtband (1914), wahrscheinlicher aber Michail Kusmins Gedichtzyklus »Die Forelle bricht das Eis« (1929), der Gedichte für Knjasew enthält und den A. 1940 wieder las. (Vgl. Johannes Holthusen: »Anna Achmatowas Umgang mit den Dichtern ihrer Epoche in der ›Poèma bez geroja‹« in: *Aspekte der Slavistik*. Festschrift für Johannes Schrenk, München 1984, S. 107-111.) – *Antinoos*: Liebling und Reisegefährte Kaiser Hadrians, Inbegriff eines schönen Jünglings. – *Die Wimpern des Antinoos*: Anspielung auf Mandelstams »Wimpern über die halbe Wange« (so A. in ihren Erinnerungen). Während Antinoos in den Nil sprang, stürzte sich Mandelstam in Tscherdyn 1934 aus dem Krankenhausfenster.

121 *Zweite Widmung*

O.S.: Olga Glebowa-Sudejkina (1885-1945), Schauspielerin, Sängerin, Tänzerin, Frau des Malers S. J. Sudejkin. Am 20. 1. 1945 erfuhr A. vom Tod ihrer langjährigen Freundin. – *Verwirrerin-Psyche*: Anspielung auf Juri Beljajews Stücke »Verwirrung« und »Kleine Psyche«, in denen Sudejkina im Petersburger Dramatischen Theater A. Suworins mitgespielt hatte.

123 *Dritte und letzte Widmung*
Le jour des rois: eigentlich der 6. 1.; bei A. der 5. 1., der Abend vor dem Dreikönigsfest. Anspielung auf den zehnten Jahrestag der letzten Begegnung mit Isaiah Berlin am 5. 1. 1946, im »Haus mit dem Springbrunnen« (Fontanny Dom); vgl. Nachwort zu dieser Ausgabe. Die Widmung ist für Isaiah Berlin. – Epigraph aus Wassili Shukowskis Ballade »Swetlana«.

127 ERSTER TEIL: *Das Jahr neunzehnhundertdreizehn. Petersburger Erzählung*
Petersburger Erzählung: Diesen Untertitel hat auch das Poem von A. S. Puschkin »Der Eherne Reiter« (1833).
Epigraph aus Wolfgang Amadeus Mozarts Oper »Don Giovanni«.

127 *Erstes Kapitel*
Erstes Epigraph: die beiden ersten Zeilen der zweiten Strophe des Gedichts »Nach Wind und Frost« (Januar 1914) aus A.s Buch »Rosenkranz«. Zweites Epigraph aus Alexander Puschkins »Eugen Onegin«, V,11. – *Dappertutto* Pseudonym des Theaterregisseurs Wsewolod Meyerhold. Unter diesem Hoffmannschen Namen hatte er Arthur Schnitzlers Pantomime »Der Schleier der Pierrette« aufgeführt, welche das commedia dell'arte-Sujet – Colombine (hier Pierrette) hintergeht Pierrot mit Harlekin – tragisch variiert. A. spielt nicht nur auf dieses Stück an, sondern auch auf den von Meyerhold inszenierten »Don Juan« von Molière (vgl. »die kleinen Mohren«). – *Jochanaan*: Johannes der Täufer; hier ist die Figur aus Richard Strauss' Oper »Salome« (1905) und aus Oscar Wildes Stück »Salome« (1893) gemeint. – *Ein bescheidener Glahn aus dem Norden*: Knut Hamsuns Leutnant Glahn im Roman »Pan« (1894). – *Dorian*: Oscar Wildes Dorian Gray in dem Roman »Das Bildnis des Dorian Gray« (1891). – *Strumpfbänder Hamlets*: William Shakespeare »Hamlet« II,1. – *Der Wirbel von Salomes Tanz*: Anspielung auf M. Fokins Ballett zur Musik von Alexander Glasunow, mit Ida Rubinstejn in der Hauptrolle (Petersburg 1909). – *Zum Tale Josaphat*: angenommener Ort des Jüngsten Gerichts. – *Wie im Vergangenen*: die folgenden

vierzehn Verse sowie weitere Stellen im Poem sind möglicherweise Reminiszenzen aus T. S. Eliots »Burnt Norton« (1935). – *Gast aus der Zukunft*: Isaiah Berlin. – *Von der Brücke nach links abgebogen*: Weg zum Fontanny Dom vom Newski-Prospekt über die Anitschkow-Brücke links das Fontanka-Ufer entlang. – *»Gesichtslos und namenlos«*: womöglich Kontamination mehrerer Verse Alexander Bloks; hier, wie im vierten Teil, auf die Gestalt Bloks bezogen. – *Mitternachtshoffmanniade*: A. stellt sich in die Tradition der von E. T. A. Hoffmann inspirierten phantastischen Petersburg-Dichtung (Gogol, Dostojewski, Belyj). – *Cagliostro*: Spitzname Michail Kusmins, der über den Abenteurer Graf Cagliostro (eigentl. Giuseppe Balzamo) einen Roman geschrieben hatte. – *Lisiska*: Valeria Messalina, die Frau des römischen Kaisers Claudius, die Prostitution betrieb. Hier eventuell aus Frank Wedekinds »Tod und Teufel« übernommen. – *Werstpfahl*: in schwarz-weiß-gestreifter Verkleidung erscheint hier, mit »Du« apostrophiert, Alexander Blok. – *Eichen von Mamre*: 1. Mose 13,18. – *Hammurabi*: König von Babylon. – *Lykurg*: altgriechischer Gesetzgeber in Sparta. – *Solon*: altgriechischer Gesetzgeber in Athen. – *Lied von der hehren Vergeltung*: Alexander Bloks Poem »Vergeltung«. – *»Ich bin zum Sterben bereit«*: Ossip Mandelstams Worte bei einem Spaziergang mit A. in Moskau, Februar 1934. – *Weißer Saal*: der Weiße Spiegelsaal im Fontanny Dom, gegenüber der Wohnung A.s (s. o.).

139 *Auf dem Podest. Intermezzo*

Aus Sodom die Lote: Vgl. 1. Mose 19. – *Eine der Nymphen, die Bocksfüße haben*: Anspielung auf die Rolle der Bocksfüßigen, die Olga Glebowa-Sudejkina im Ballett von Ilja Saz »Tanz der Bocksfüßigen« tanzte. – *Der Kopf der Madame de Lamballe*: Lieblingshofdame von Marie-Antoinette, 1792 von der aufgebrachten Pariser Menge ermordet; A. meint hier das balladeske Gedicht von Maximilian Woloschin »Der Kopf der Madame Lamballe«.

141 *Zweites Kapitel*

Epigraph aus Jewgeni Baratynskis Gedicht »Immer in Purpur und Gold ...«. – *»Die Schritte des Komturs«*: so heißt ein Gedicht Alexander Bloks. – *Kleine Mohren*: Anspielung auf

Meyerholds Inszenierung von Molières »Don Juan« im Petersburger Alexandrinski-Theater 1910. – *Primadonna*: die Ballerina Anna Pawlowa, zu deren Lieblingsrollen »Der sterbende Schwan« nach der Musik von Camille Saint-Saëns gehörte. – *Vertraute Stimme*: die Stimme des berühmten Sängers Fjodor Schaljapin. – *Der Korridor der Petrinschen Kollegien*: Korridor der Petersburger Universität. – *Petruschkas Maske* und *Der Tanz der Kutscher*: aus Igor Strawinskys Ballett »Petruschka« (1913). – *Hölle Tsushima*: Vgl. Anm. zu »Den Weg aller Welt«. – *Er ist dort allein*: Alexander Blok. Im folgenden nimmt A. Motive aus Bloks Gedichten »Im Restaurant«, »Die Schritte des Komturs«, »Totentänze« auf. – *Der Dämon selbst mit dem Lächeln Tamaras*: gemeint ist Alexander Blok, in Anspielung auf Michail Lermontows Verspoem »Der Dämon«, das als Libretto für eine der bühnenwirksamsten Opern von Anton Rubinstejn diente und den Maler Michail Wrubel zu mehreren Bildern inspirierte. – *Auf deinen Wangen die roten Flecken*: Anspielung auf Sudejkins Porträt seiner Frau Olga. – *Gerber aus Pskow*: Spitzname für die »Pskower«, zu denen auch die im ehemaligen Gouvernement Pskow geborene Olga Glebowa-Sudejkina gehörte.

151 *Drittes Kapitel*
Epigraphe aus A.s »Gedichten über Petersburg« (1913), aus Ossip Mandelstams mit diesen Zeilen beginnendem Gedicht vom 25. 11. 1920 und aus einem Gedicht Michail Losinskis in dessen Buch »Bergquell« (1916).
Es rollten die Kutschen dicht über die Brücken: Anspielung auf Nikolai Gogols Novelle »Der Newski Prospekt«. – *Silber der Zeit*: Silbernes Zeitalter der russischen Poesie nannte man das erste Jahrzehnt des 20. Jahrhunderts, im Unterschied zum »goldenen Zeitalter« der Puschkin-Epoche. – *Zarin Awdotja*: die verstoßene erste Frau Peters d. Großen, die die neue Hauptstadt St. Petersburg mit den Worten verfluchte: »Dieser Platz soll leer und wüst sein.« – *Cameron-Galerie*: Anbau an das Palais Katharinas II. in Zarskoje Selo, vom schottischen Architekten Charles Cameron errichtet. – *So wie du einst froh warst*: gemeint ist Nikolai Nedobrowo, ein Dichter und Kritiker, der 1915 einen noch heute bedeutenden Aufsatz über A. schrieb.

153 *Viertes und letztes Kapitel*
Epigraph aus Wsewolod Knjasews Gedicht »Und keine Lieder, keine Harmonien« (1914, postum erschienen). *Das Haus*: hier wohnte Olga Glebowa-Sudejkina, später A. (1924-1926). – »*Erlöser auf dem Blut*«: Kirche am heutigen Gribojedow-Kanal, die an der Stelle errichtet wurde, wo 1881 Alexander II. durch Attentäter umgebracht worden war. – »*Strohgelbe Locke*«: aus Wsewolod Knjasews Gedicht »Wie oft vor ihrem Fenster« (1911). – *Das Klappern unsichtbarer Hufe*: das Gespenst des »Ehernen Reiters« und Anspielung auf das von Étienne-Maurice Falconet (1716-1791) unter Katharina II. geschaffene Reiterstandbild Peters I. – »*Weg nach Damaskus*«: Bekehrung des Saulus zu Paulus. Bei A. Anspielung auf Waleri Brjussows Gedicht »Nach Damaskus«, in dem – wie in Gedichten Fjodor Sologubs und Wsewolod Knjasews an die Sudejkina – die Liebe mit religiöser Ekstase verglichen wird. – *Masurischen Sümpfen*: in Masuren und in den Karpaten fielen im Ersten Weltkrieg viele russische Soldaten.

159 ZWEITER TEIL: *Kehrseite*
Ich trink der Lethe Wasser: aus Alexander Puschkins »Das Häuschen in Kolomna«, Strophe 12. – *In my beginning is my end*: T. S. Eliot, »East Coker« (1940). – *REQUIEM*: Anspielung auf A.s gleichnamigen Gedichtzyklus (s. o.). – *Und der Jasmin*: ungenaues Zitat aus Nikolai Kljujews Gedicht an A. »Ich zürne Ihnen und schelte Sie traurig« (1932), das A. als »das beste, was über meine Gedichte gesagt wurde«, bezeichnete. – *Libretto*: in den frühen zwanziger Jahren schrieb A. zu Alexander Bloks Gedichtzyklus »Schneemaske« ein Libretto für den Komponisten Artur Lurié; Lurié vertonte Teile des »Poems ohne Held«. – *Soft embalmer*: »sanfter Tröster«, aus dem Sonett »To the Sleep« von John Keats. – *Blauer Vogel*: Märchenspiel von Maurice Maeterlinck (1862-1949), in Rußland seit der Inszenierung des Moskauer Künstlertheaters (1909) sehr populär. – *Helsingör*: auf der Terrasse des Königspalastes erscheint Hamlet der Geist seines Vaters. – *Strophen 9-10*: der Hinweis, die fehlenden Strophen imitierten ein Verfahren Puschkins in »Eugen Onegin«, ist insofern eine Mystifikation, als die Strophen in Wirklichkeit existieren (vgl. deren voll-

ständige Publikation durch Lydia Tschukowskaja in der Zeitschrift »Kontinent« 1976.7.); die Strophe 9 ist in neueren sowjetischen Editionen (»Werke«, Bd. 1, Moskau 1986) abgedruckt und spricht, mit Bezug auf die »Siebte Elegie«, vom Verstummen, von der »abgewürgten Kommunikation der Dichtung« (J. Holthusen, a. a. O.): »Und mit mir ist meine ›Siebte‹, / Halbtot und stumm, / Ihr Mund ist verzerrt und offen, / Wie der Mund einer tragischen Maske, / Doch mit schwarzer Farbe bemalt, / Und mit trockener Erde zugestopft« (Übers. *I.R.*). – *Bauta*: Maske mit Kapuze. – *Dreifachen Boden*: in Notizen zum Poem schreibt A.: »Der Untertext arbeitet mit [!!!]. Nichts wird auf den Kopf zugesagt. Schwierige und tiefe Dinge werden nicht, wie üblich, auf Dutzenden von Seiten ausgeführt, sondern in zwei allen verständlichen Zeilen.« – *Brjullowsche Schulter*: Anspielung auf die romantischen Mädchendarstellungen des Malers K. Brjullow (1799-1852). – *Sternkammer*: geheimes Gericht in England, das seinen Sitz in einem Saal hatte, an dessen Decke der Sternenhimmel dargestellt war. – *Die Fichten Manfreds*: Lord Byrons »Manfred« (1817). – *Shelley*: Percy Bysshe Shelley (1792-1822) ertrank im Meer; sein Leichnam wurde von Byron und anderen Freunden am Ufer verbrannt. – *Lerchen der Welt*: Anspielung auf Shelleys berühmtes Gedicht »To the Skylark«. – *Clara Gazul*: Pseudonym von Prosper Mérimée (1803-1870).

171 DRITTER TEIL: *Epilog*
Dieser Ort soll wüst und leer sein: Worte der Zarin Awdotja (s. Anmerkung S. 151). – *Und die Wüsten der Plätze*: aus Innokenti Annenskis Gedicht »Petersburg«. – *Ich liebe dich, du Schöpfung Peters*: aus Alexander Puschkins Verspoem »Der eherne Reiter«. – *Für meine Stadt*: ursprünglich in anderer Fassung mit Widmung für Wladimir G. Garschin (1887-1956), einen Freund A.s Ende der dreißiger, Anfang der vierziger Jahre. – *Siebentausend Kilometer*: in Taschkent. – *Tobruk*: hier fanden 1941 und 1942 schwere Kämpfe zwischen deutschen und italienischen Truppen und den Alliierten in Nordafrika statt. – *Kama*: Nebenfluß der Wolga; A. ging über Tschistopol an der Kama und Kasan nach Taschkent.

NACHWORT

Achmatowa is the kind of
poet that simply »happens«.
Joseph Brodsky

Geboren am 11. (23.) Juni 1889 in Bolschoi Fontan bei Odessa, gestorben am 5. März 1966 in Domodedowo bei Moskau: Anna Andrejewna Gorenko, die sich auf Drängen des Vaters ein schriftstellerisches Pseudonym zugelegt hat und mit dem klangvollen tatarischen Namen ihrer Urgroßmutter mütterlicherseits – Achmatowa – in die Literaturgeschichte eingegangen ist. Die Kindheit und Jugend verbringt sie in Zarskoje Selo bei Petersburg, wo sich die Sommerresidenz der Zaren befindet und Puschkin einst das Lyzeum besuchte. Später erinnert sie sich an die »Parkanlagen mit ihrer nassen grünen Pracht, die Weide, zu der mich die Kinderfrau führte, die Rennbahn, auf der kleine, scheckige Pferde galoppierten, den alten Bahnhof«, an die »grüngemusterte Stille in des Jahrhundertanfangs kühlem Kinderzimmer«. Als die Eltern sich 1905 trennen, übersiedelt Achmatowa mit ihrer Mutter und den Geschwistern auf die Krim, dann nach Kiew. Sie beginnt ein Jurastudium, das sie jedoch zugunsten der Literatur aufgibt. 1910 heiratet sie den Dichter Nikolaj Gumiljow und schließt sich der Lyrikergruppe der Akmeisten an. Reisen führen sie nach Paris, wo sie von Modigliani porträtiert wird, und nach Venedig, Florenz und Pisa, deren Architektur sie bewundert. 1912 kommt ihr einziger Sohn Lew auf die Welt, im selben Jahr erscheint auch ihr erster Gedichtband »Abend« (Večer). Achmatowa wird über Nacht berühmt. Die verhaltene Schönheit ihrer klassischen Verse überzeugt ebenso wie die Vornehmheit und stille Selbstsicherheit ihres Wesens. Im Kriegsjahr 1914 veröffentlicht sie den Band »Rosenkranz« (Četki), im Revolutionsjahr 1917 die Sammlung »Weißer Schwarm« (Belaja staja). Es beginnen schwierige Zeiten. Achmatowa trennt sich von Gumiljow – der 1921 als angeblicher Verschwörer von der Tscheka erschossen wird – und nimmt eine Stelle als Bibliothekarin an. Jetzt schon weiß sie, daß sie trotz lockender Stimmen nicht emigrieren wird. Ihre Gedichtbände »Wegerich« (Podorožnik) und »Anno Domini MCMXXI« stehen auf der Seite der Not.

Zwischen 1922 und 1940 erscheint von Achmatowa kein Buch. Über diesen schwierigsten Abschnitt ihres Lebens schweigt ihre kurze Autobiographie. Doch ist bekannt, daß sie – trotz ihrer Bleibe im Leningrader Fontanny Dom – gleich einer heimatlosen Nomadin von Freunden zu Freunden zieht, mit ihrem einzigen Gepäckstück, einem »abgewetzten kleinen Koffer voller Notizbücher, Hefte mit Gedichten und Skizzen zu Gedichten, größtenteils ohne Ende und Anfang« (Kornej Tschukowski). Sie liest viel – Puschkin, Dante, Shakespeare, Dostojewski, die Bibel –, sie interessiert sich für bildende Kunst und Architektur. Ihre literatur- und kunsthistorischen Kenntnisse schlagen sich in mehreren Puschkin-Studien nieder. Derweil greift der politische Terror immer mehr um sich. Freunde wie Ossip Mandelstam kommen im Lager um, ihr Sohn Lew wird, zusammen mit ihrem damaligen Lebensgefährten, Nikolai Punin, 1935 verhaftet, kurz darauf freigelassen und 1938 erneut verhaftet. Siebzehn Monate steht sie Schlange vor den Gefängnissen von Leningrad, um zu erfahren, daß Lew den Weg nach Sibirien antreten muß. Lidija Tschukowskaja hat diese Bitt- und Bußgänge herb und genau protokolliert; Achmatowa selbst tat es, stellvertretend für viele, im Poem »Requiem« (Rekviem, 1935-1940), das in der Sowjetunion 1987 schließlich vollständig erscheinen konnte. Wie der spätere Zyklus »Totenkranz« (Venok mërtvym) – mit Erinnerungsgedichten an Marina Zwetajewa, Michail Bulgakow und andere verstorbene Freunde – ist es ein einziges Epitaph; der Tod hat sich »aus einer Sprachfigur in eine Figur, die sprachlos macht«, verwandelt (Joseph Brodsky).

Während der Blockade von Leningrad wird Achmatowa

nach Moskau ausgeflogen, dann – bis 1944 – nach Taschkent evakuiert. Ihre Gesundheit macht ihr zu schaffen, dennoch ist sie voll Anteilnahme, liest verwundeten Soldaten Gedichte vor. Schockierend die Rückkehr ins zerstörte Leningrad. Beim Anblick des »gespenstischen Antlitzes« ihrer Stadt beginnt sie, Prosa zu schreiben. Daß sie 1949, bei der dritten Verhaftung ihres Sohnes, sämtliche Skizzen verbrennt, ist ein Requiem für sich. Von Parteisekretär Shdanow als »Nonne und Hure« verunglimpft, als Hindernis beim Aufbau des Sozialismus gebrandmarkt, laut ZK-Beschluß vom 14. August 1946 als »Gegnerin des Sowjetregimes« zusammen mit Michail Sostschenko aus dem Schriftstellerverband ausgeschlossen, weiß sich Achmatowa als gebranntes Kind. Den Sohn will sie nicht zusätzlich gefährden. Zurückgezogen arbeitet sie an Übersetzungen und an ihrem Lebenswerk, dem »Poem ohne Held« (Poèma bez geroja) – einem Tableau des Jahrhunderts, einem lyrischen Epos über das Vergehen der Zeit, das – chiffriert – auch ihre eigene Biographie enthält. Dieses poetische *work in progress* mit zahlreichen Varianten und Zusätzen begleitet sie fast bis zum Ende. Zu den Lichtblicken ihres Alters gehört das Erscheinen von drei Gedichtsammlungen sowie 1964 eine Reise nach Italien, 1965 nach England und Paris. In Sizilien nimmt sie den »Ätna Taormina«-Preis entgegen, in Oxford wird ihr das Ehrendoktorat verliehen. Hier kommt es zur Wiederbegegnung mit dem Historiker Isaiah Berlin, der in den vierziger Jahren Sekretär an der englischen Botschaft in Moskau gewesen war und sie im Fontanny Dom verbotenerweise aufgesucht hatte. Achmatowa sah in diesem »wunderbaren« und »fatalen« Besuch die Ursache für zahlreiche Schikanen, selbst für die Verhaftung ihres Sohnes, konnte den »Gast aus der Zukunft« aber nie vergessen. Es ist einer jener vielen Verzichte und Verluste, die sie mit Würde ertragen und kryptisch in ihr »Poem ohne Held« eingeschrieben hat.

Schon die frühen Gedichte sind elegisch gefärbt. Von Liebe ist die Rede, aber meist von unerfüllter, oder Achmatowa skizziert eine Abschiedsszene von dramatischer Dichte. In zwölf Versen entwirft sie eine Mini-Novelle, was Ossip Mandelstam zum Ausspruch bewogen hat, sie habe am meisten von den russischen Romanciers des 19. Jahrhunderts gelernt. Joseph Brodsky, der ihr selber einiges verdankt, attestiert ihr aufgrund der Klarheit und Kohärenz ihrer Sprache Qualitäten einer Jane Austin. Immer wieder wird die Lyrikerin der frühen Liebeselegien wie auch der späten Geschichtsdichtung mit Erzählern verglichen.

Das narrative Element, vor allem ihrer frühen Lyrik, äußert sich darin, daß sie Eifersucht oder Liebeskummer in Episoden veranschaulicht, zu Sujets konkretisiert. Diese erscheinen häufig als einprägsame Ausschnitte aus komplexen autobiographischen Geschehnissen, mit einem quasi offenen Anfang (»und«, »aber«, »nein«) und einem epigrammatischen Schluß, wobei Ton und »Erzähl«-Perspektive an Brief und Tagebuch erinnern. Sprachlich zeichnen sich diese epischen Miniaturen durch eine ungezwungene Intonation aus, durch einen auf das sinnliche Detail ausgerichteten gegenständlichen Wortschatz, der Abstrakta vermeidet. Die Hutfeder, die das Wagendach streift, der linke Handschuh auf der rechten Hand, eine rote Tulpe im Knopfloch, oder bewußte Prosaismen wie »Benzinduft«, »die sonnenverbrannten Beine der Muse« werden zu plastisch-visuellen Chiffren einer Stimmung, einer Situation. Der Eindruck unterkühlter Emotionalität, ironischer Distanziertheit ist Absicht und verrät – wie das Metrum und Reim überspielende Parlando – den Einfluß Puschkins und der Petersburger Schule. Diese Genealogie kann nicht unerwähnt bleiben, sei es auch bloß als »Hintergrundinformation«. Achmatowa hat eine Tradition, ein Umfeld – zu dem in erster Linie Innokenti Annenski, Alexander Blok und Ossip Mandelstam gehörten – durchquert, um als Dichterin des kontrollierten Wahnsinns vollkommene Eigenständigkeit zu erlangen.

Der Weg dahin ist *auch* der Weg einer Frau. Schon bei der frühen Achmatowa fällt die Rekurrenz von Bildern und Metaphern auf, die der weiblichen Existenz positiv oder negativ zugeordnet sind: das Haus, das Interieur, der Spiegel, der Schleier, die Maske; das lyrische Ich sieht sich als »Muse im löchrigen Tuch«, als Sklavin (eines tyrannischen Mannes), als Bettlerin, Pilgerin, Nonne. Es herrscht nicht ein Ton der Anklage, sondern der Klage, Leiden ersetzt – in lakonische, niemals larmoyante Sätze gefaßt – die Leidenschaft. Später verbindet Achmatowa auf eindrücklichste Weise die Rolle der »klagenden Muse« mit beinahe biblischem Sendungsbewußtsein. Das Intimistische ihrer Lyrik weitet sich, nimmt neue zeitliche und räumliche Dimensionen an. Im Zyklus »Requiem« spricht die Dichterin als Mutter für Tausende anderer Mütter, die ihre im Gulag festgehaltenen oder umgekommenen Söhne beweinen, und das Bild der Kreuzigung schiebt sich fast unauffällig in diese herbe Szenenfolge. Hier übrigens erreicht der kontrollierte Wahnsinn seinen Höhepunkt: das Oxymoron – bevorzugte Stilfigur schon der jungen Achmatowa – wird zum Symbol für die grausamen Paradoxa der Epoche, die Schizophrenie des weiblichen Ichs, die sich im »Spiegelland« der frühen Gedichte andeutete, zur monströsen Tatsache:

Nein, das bin nicht ich, das ist eine andere, die da leidet. / Ich könnte das nicht so. Aber das, was geschehen ist, / Sollen schwarze Tücher bedecken, / Und man soll die Lampen wegtragen ... / Nacht. (1940)

Kein Pathos, immer noch dasselbe leise, gebethafte Parlando, das in Schweigen übergeht. Oder gelegentlich eine Frage: »Wo ist mein Haus? – Und wo ist mein Verstand?« Achmatowas Lyrik ist frei von imposanter Rhetorik, von der Prätention eines besserwisserischen Dichter-Ichs. Sie ist

politisch, indem sie über den Alltag, über alltägliche Schrek-
ken spricht. Im scheinbar Gewöhnlichen entdeckt sie die
Signifikanz. »Und wüßten Sie, wie ohne jede Scham /
Gedichte wachsen, und aus welchem Müll! / Wie durch das
Zaunloch gelber Löwenzahn, / Wie Melde und Dill.« (S. 89)
Falls das eine Poetik genannt werden kann, bezeugt sie sel-
tene Bescheidenheit. Nur weiß Achmatowa um das Parado-
xon, daß sich der »Müll« in »königliche Worte« verwandelt
und zäh überlebt. So wie sie um jenes andere Paradoxon
weiß, daß das Vergehen der Zeit in der Prosodie des Verses
zum Stillstand kommt.

Die Zeit, der lautlose Wandel der Epochen, die Schwellensi-
tuation dessen, der sich zu erinnern versucht, bestimmt ab
1940 thematisch und formal die Lyrik Achmatowas und kul-
miniert im Gedichtroman »Poem ohne Held«. In diesem
großangelegten symphonischen Triptychon, dessen drei
Teile ihrerseits in mehrere Kapitel mit Mottos und einem
Intermezzo aufgeteilt sind und als komplexe Textarchitektur
alle früheren zyklischen Kompositionen in den Schatten stel-
len, entfaltet Achmatowa grandios ihre epischen Fähigkeiten
und erweist sich als eine Geschichtsdichterin, die ohne ideo-
logisch-moralisches Pathos auskommt, vielmehr aus der Ver-
bindung von Schwäche und Heroik die Legitimation für ihr
Schreiben bezieht. Für Pathos fehlt im übrigen eine eindeu-
tige Erzählinstanz. Das lyrische Ich erscheint gleichsam in
drei Hypostasen – als Verfasser, handelnde Person und Dop-
pelgänger seiner Figuren. Der Held des heldlosen Poems
aber ist die Zeit, konkretisiert im Jahr 1913, dem »Vor-
abend« des Ersten Weltkriegs, der den Zusammenbruch des
zaristischen Rußland einleitete, sodann im Jahr 1941, dem
Jahr des Überfalls der Hitlertruppen, deren Besiegung durch
die Sowjets den Zweiten Weltkrieg beendete. Wie nun das
Gedächtnis die Zeit beschwört, inszeniert, labyrinthisch
rekonstruiert und zu einem schwebenden Netzwerk verwebt,
macht den Zauber und die unverminderte Modernität dieses

Poems aus, das »Trauermarsch« ist und »höllische Harlekinade«, Libretto für ein tragisches Ballett und Palimpsest, Kaleidoskop biographischer und zeitgeschichtlicher Episoden sowie ein zitatenreicher Dialog nicht nur mit der russischen, sondern mit der Weltliteratur.

Im ersten Teil, der »Petersburger Erzählung« des Jahres 1913, geistert die Zeit in Gestalten von Masken vorbei, gespenstisch wie bei Goya, phantastisch wie in den hoffmannesken Novellen Gogols und Dostojewskis. In diesem Neujahrsspuk der Petersburger Kulturelite erkennt man unter anderem Alexander Blok als Harlekin und »tragischen Tenor der Epoche«, den Pierrot und »Dragonerkornett« Wsewolod Knjasew und als Colombine die Schauspielerin Olga Glebowa-Sudejkina – ein »Liebesdreieck«, das aus Strawinskys tragischer Ballettfarce »Petruschka« zu stammen scheint, obwohl der Prototyp Pierrots, der Dichter Knjasew, sich 1913 tatsächlich das Leben nahm. – Nicht um Fabeln und individuelle Schicksale geht es hier, sondern um das Bild einer – längst untergegangenen – Epoche, deren Beschwörung dadurch erfolgt, daß Realien – Namen, Ereignisse, topographische, architektonische u. a. Details – in komplexe Beziehung zueinander sowie zu Sujets der Dichtung und Musik gesetzt werden. Zahlreiche intertextuelle Bezüge – zu Alexander Blok, Puschkin, der Don-Juan-Legende – konstituieren die fiktionale Ebene, die durch Widmungen, Digressionen und ein Nachwort aufgebrochen, durch metapoetische Aussagen verfremdet wird. – Der zweite Teil des Poems, »Kehrseite« (Reška) genannt, spielt im Januar 1941, mitten in der »großen Schweigerin-Epoche«, im Fontanny Dom. Das lyrische Ich reflektiert über die Maskerade, den Schattenspuk, von dem – Paradigma für den Untergang des alten Rußland – keine Spur übriggeblieben ist: »Es sieht im Traum nur der Spiegel den Spiegel, / Die Stille die Stille bewacht.« Und es reflektiert über die kryptischen Bedingungen des Schreibens unter Stalin, »mit sympa-

thetischer Tinte«, »in Spiegelschrift«. Die einundzwanzig –
in manchen Fassungen vierundzwanzig – Strophen aus sechs
dreihebigen Versen heben sich in ihrem ruhigen Duktus
eklatant vom karnevalesken ersten Teil ab. – Der Epilog und
dritte Teil beschwört aus siebentausend Kilometer Distanz,
aus Taschkent, die weiße Nacht des 24. Juni 1942 im bom-
bardierten Leningrad. Die Stimme des Autors spricht mit
den Stimmen verstorbener oder verbannter Freunde, mit
dem eigenen Doppelgänger im sibirischen Lager. Im Echo
der Zeit, im Dialog der Spiegel, im Wahn der Schuld wird
auch die Identität zu einem fragwürdigen Begriff. Und doch
bewirkt gerade diese Spaltung oder Auflösung der lyrischen
Ich-Instanz, daß sich individuelle Traumen in kollektive
Erinnerung transformieren. Das geschieht, auf bedrängend
großartige Weise, im Schlußteil des »Poems ohne Held«:
»Lang war der Begräbnisweg, endlos, / Ein feierliches, kri-
stallenes Schweigen / Fesselte rings das SIBIRISCHE LAND. /
Fort von dem, was Staub war, / Marschierte, gepackt von
tödlicher Furcht, / Wissend um die Frist der Vergeltung, / Die
tränenlosen Augen gesenkt – / Vor mir her nach Osten, das /
Die Hände ringende Rußland.« (S. 177)
So wird dieses elegische Epos mit seinen vielfältigen sub-
jektiven, ja intimen Bezügen, mit seinen literarischen Asso-
ziationen und verborgenen Zitaten, das nicht allein dem
Nichtrussen Entzifferungsprobleme aufgibt, zur epochalen
Botschaft. »Das Poem enthält keinerlei dritten, siebten oder
neunundzwanzigsten Sinn«, schrieb Achmatowa statt eines
Vorworts. Es verhindert den Gedächtnisverlust, weil es mit
Zeit – im weltlichen und metaphysischen Sinn – gesättigt ist.
Und es hat Zukunft, weil nach Joseph Brodskys Worten
»Sprache älter ist als der Staat und die Prosodie die
Geschichte allemal überdauert«.

Ilma Rakusa

Benutzte Literatur

Joseph Brodsky: »The Keening Muse«. In: J.B., Less Than One. Selected Essays, New York 1986

Jeanne van der Eng-Liedmeier/ Kees Verheul: Tale Without a Hero and Twenty-Two Poems by Anna Axmatova, Den Haag 1973

Boris Filippov: »Poéma bez geroja«. In: Anna Achmatova, Sočinenija, 3 Bände, hg. G. Struve u. B. Filippov, Washington 1967-83, Bd. 2, 1968

Amanda Haight: Anna Akhmatova. A Poetic Pilgrimage, London 1976

Lydia Tschukowskaja: Aufzeichnungen über Anna Achmatowa, Tübingen 1987

Kornej Tschukowski: »Anna Achmatowa«. In: Anna Achmatowa, Poem ohne Held. Poeme und Gedichte, Leipzig 1979

Kees Verheul: The Theme of Time in the Poetry of Anna Akhmatova, Den Haag 1971

Viktor Žirmunskij: Tvorčestvo Anny Achmatovoj, Leningrad 1973

QUELLENVERZEICHNIS

Russischer Text nach: Anna Achmatova, Stichotvorenjia i poėmy. Sostavlenie, podgotovka teksta i primečanjia V. M. Žirmunskogo, Leningrad 1977.

Nachdichtungen von Sarah Kirsch:
Bin dem Dichter Gast geworden; Der schwarze Gartenweg am Meer; Aus dem Poem: Nah am Meer; Die Muse ging weiter; Nachts; Im Jahr vierzig: *Wird eine Epoche beerdigt, Für die Londoner, Der Schatten*; Drei Gedichte: *Zeit nun die Kamelschreie zu vergessen, Und suchtest im dunklen Gedächtnis, und findest, Und er hat recht. Laterne, Apotheke*; Mitternachtsgedichte: Statt einer Widmung.

Von Rainer Kirsch:
Einundzwanzigster. Montag. Nacht; Mit dem Morgengraun erwachen; Das ist einfach, das ist klar; Und eine Stimme war. Sie rief mich an; Nein, nicht mit denen bin ich, die das Land; Ein niedagewesener Herbst hatte hoch eine Kuppel gebaut; Kleopatra; Die Weide; Majakowski im Jahr 1913; Kriegswind: *Die Vögel des Tods im Zenit, Tapferkeit, Und ihr, Freunde vom letzten Aufgebot!, Lässig Adieu zu den Mädchen*; Cinque: *Wie am Abhang der Wolke: ich, Fern im Äther verwesen die Töne, Nie seit ich mich erinnre wollt ich, Du weißt, ich werd nicht besingen, Wir atmeten nicht vom Schlafmohn*; Berufsgeheimnisse: *Das Gedicht, Was sollen mir der Oden endloses Heer, Die Muse, Der Dichter, Der Leser, Epigramm, O wie gewürzt der Atem der Nelke*; Heimaterde; Gold rostet, Stahl verwest zu Staub; An die Verse; Mitternachtsgedichte: *Vorfrühlingselegie, Und letztes, Statt eines Nachworts*.
Aus: Anna Achmatova, Ein niedagewesener Herbst. © Verlag Volk und Welt, Berlin/DDR 1967

Nachdichtungen von Heinz Czechowski:
Die einen spiegeln sich in einem Blick; Der Dichter; Beschwörung; Ich verbarg mein Herz vor dir; Und es fiel ein Wort aus Stein; Wenn ein Mensch stirbt, so verwandeln; Leningrad im März 1941; In Büchern aber hab ich stets die letzte Seite; Es sind deine Luchs-

augen, Asien; Den Weg aller Welt: *Direkt vor die Kugeln, Du kannst dich verirren, Der Nebel wird dichter, Eines lauteren, Ein Faulbeerbaum schlich sich, Auf diesen erhabnen*; Poem ohne Held: Erster Teil: Das Jahr Neunzehnhundertunddreizehn, *Petersburger Erzählung, Erstes Kapitel,* Auf dem Podest *Intermezzo, Zweites Kapitel, Drittes Kapitel, Viertes und letztes Kapitel, Nachwort,* Zweiter Teil: Kehrseite, Dritter Teil: Epilog.

Von Uwe Grüning: Woronesh; Nördliche Elegien: *Die erste. Vorgeschichte, Die zweite, Die dritte, Die vierte,* (Ergänzungen), (*Über das zweite Jahrzehnt*), *Erschreckend wars, in jenem Haus zu wohnen.*
Aus: Anna Achmatowa, Poem ohne Held. Gedichte und Poeme. Russisch-deutsch. © Verlag Philipp Reclam jun. Leipzig 1979.

Содержание

INHALT

Bibliothek Suhrkamp
Alphabetisches Verzeichnis

Bibliothek Suhrkamp
Verzeichnis der letzten Nummern